# Feuerfrau und Windgesang

**Nana Nauwald**

# Feuerfrau und Windgesang

Schamanische Rituale für Schutz und Stärkung

AT Verlag

**Hinweis**

 Der Vogel zeigt zusammenfassende Einsichten und Informationen an.

 Die Schlange zeigt praktische Übungen an.

Adressen derjenigen, die ihre Wandlungsrituale für dieses Buch gegeben haben, finden sich im Anhang des Buches.

2. Auflage, 2012

© 2010
AT Verlag, Aarau und München
Lektorat: Karin Breyer, Freiburg i. Br.
Text, Grafiken und Fotos: © 2009 Nana Nauwald;
Umschlagbild: Gemälde »Findefrau« von Nana Nauwald
Text, Grafiken und Fotos: © 2009 Nana Nauwald
Seite 112/113 »Vogelfrau«, »Waldfrau«, »Wasserfrau«
© 2009 Julia Franken
Seite 113 »Feuerfrau«, © 2009 Rosa Ziegler
Lithos: Vogt-Schild Druck, Derendingen
Druck und Bindearbeiten: Kösel, Krugzell
Printed in Germany

ISBN 978-3-03800-465-3

www.at-verlag.ch

# Inhalt

- 11 **Schamanische Rituale – Feurige Spiralwinde der Wandlung**
- 28 Sinneswandel
- 33 Schamaninnen, Medizinfrauen, heilige Frauen, Ritualfrauen – Wer ist was und warum?

- 39 **Bereitsein: das Öffnen der Sinne**
- 46 Einstimmung
- 49 Bewusste Wahrnehmung: Sinnesorgane sind Resonanzorgane
- 50 Empfindung und Stimmigkeit – Anregungen zur Wahrnehmung
- 55 Empfindung der Verbundenheit
- 66 Lauschen und Schwingen – Die blinden Seher
- 76 Empfindung von Klang
- 80 In mir klingt die Welt
- 82 Im Gesang des Vogels ersingt sich die Welt

- 87 **Rituale der Wandlung**
- 91 Warum, wie und wo will ich das Ritual ausführen?
- 92 Wo?
- 92     Der stimmige Ort
- 93     Der stimmige Raum
- 97     Der stimmige Ort draußen
- 99     Lärm als Lehrmeister

| | |
|---|---|
| 101 | Das Ritual – Der Beginn |
| 114 | Das Ritual – Der Schluss: das Öffnen des Kreises |
| 116 | Gedanken über das rituelle Danken |
| 117 | Links herum, rechts herum? |
| 119 | Klang, Worte und Gesten als wirkungsvolle Ritualwerkzeuge |

## 133 Ritualinspirationen zum Entzünden des inneren Wandlungsfeuers

| | |
|---|---|
| 138 | Eine kleine Klanggeschichte der Vertreibung von Übeln |
| 140 | Das Klausen-Schellenritual |
| 142 | Schutz kommt von innen, nicht von außen |
| 144 | Federleicht und baumstark – Rituale für energetische Stärkung |
| 154 | Großmutter Buche – Ein Ritual der Wandlung |
| 159 | Vom Wandel unruhiger Geister: schamanische Schutzstäbe |
| 163 | Rituale sind Geschenke |
| 170 | Zaubersprüche |
| 173 | Rituale für Schutz und Stärke aus der Schamaninnenwelt Nepals |
| 178 | Rituelle Opfergaben |
| 179 | Singen und Rauchen – Schutzrituale eines peruanischen Schamanen |
| 181 | Anblasen, Behauchen – Heilung, Schutz und Abwehr |
| 182 | Gesänge für Schutz und Abwehr |

184 Das Salz des Wandels: Innere Konflikte bei sich selbst heilen
187 Ritual der Wandlung für Konfliktsituationen
192 Es riecht nach Schamanismus

**199 Feuerfrau tanzt**
201 Birkenfeuergedanken
207 Ich entzünde ein Feuer

210 Dank
211 Adressen
212 Zur Autorin
213 Literatur
215 Verzeichnis der Rituale und Übungen

»*Durch alle Wesen reicht der eine Raum:*
*Weltinnenraum.*
*Die Vögel fliegen still*
*durch uns hindurch.*
*Oh, der ich wachsen will,*
*ich seh' hinaus, und in mir wächst der Baum.*«
Rainer Maria Rilke

Meinem Lehrer, dem Shipibo-Schamanen Reshin Nika
in Dankbarkeit gewidmet.

»Vogelgespräche«, Gemälde von Nana Nauwald.

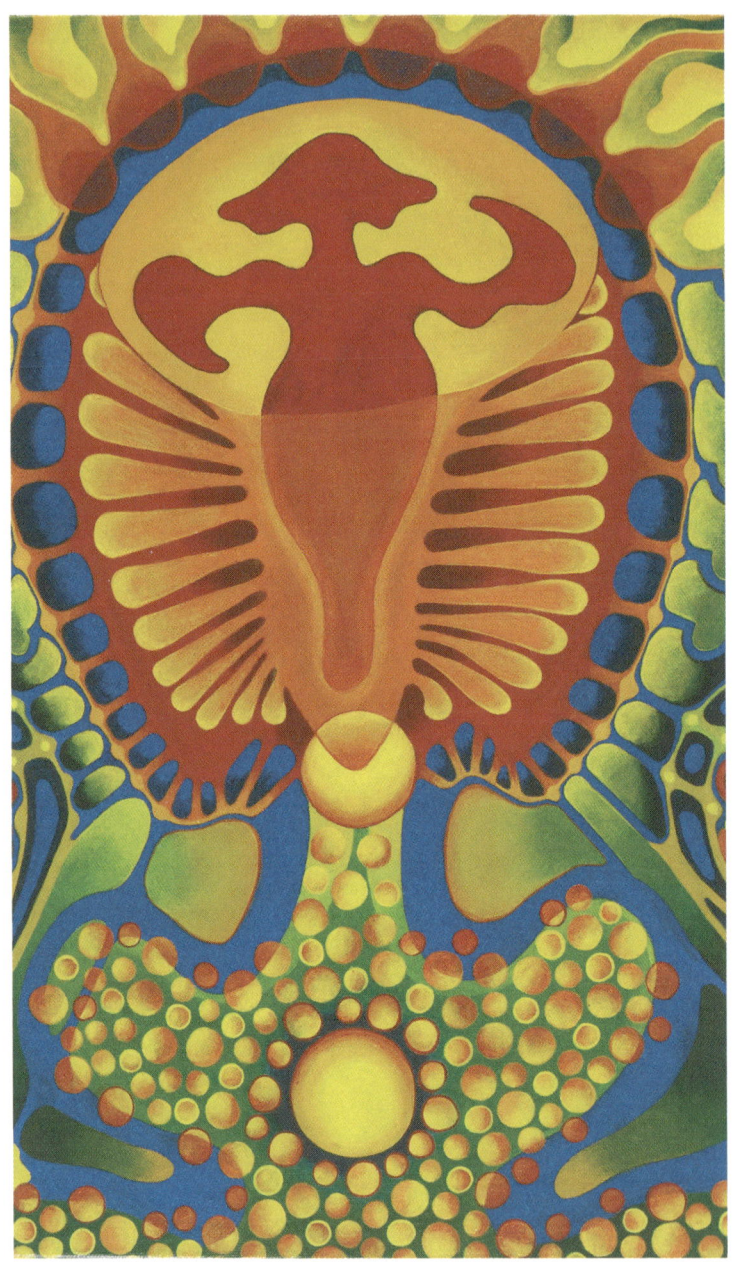
»Entfaltung«, Gemälde von Nana Nauwald.

# Schamanische Rituale – Feurige Spiralwinde der Wandlung

Deutscher Herbst. Pfeifend tanzen die Winde über abgeerntete Felder in der Lüneburger Heide. Frierend hüllt sich der kleine, stämmige peruanische Schamane enger in seinen gestreiften Poncho, pfeift leise in den Wind. Dieser versteht das Pfeifen des Schamanen als Aufforderung und verstärkt seinen Windgesang.

Der Schamane trotzt dem kalten Wind, steht unbeirrt pfeifend in der Mitte einer großen Spirale aus Feldsteinen. Neben ihm brennt in einer Tonschale ein kleines Feuer. Der Wind lässt den Rauch des im Feuer verbrennenden Kopalharzes um den Schamanen herum tanzen. Schweigend legen dreiundzwanzig Frauen und Männer weiter Stein an Stein, die Spirale wächst.

Neben dem Feld hält ein Trecker, der Bauer steigt ab und kommt auf mich zu. Wir kennen uns, es ist Bauer Beeken, er ist aus meinem Dorf. Seiner besonnenen norddeutschen Natur entsprechend nickt er mir schweigend zu, stellt sich neben mich, sieht sich aufmerksam unser Treiben an.

»Ist das nun Kunst oder wieder so ein Ritual, wie du das manchmal bei euch im Wald machst?«, fragt er nach einer Weile.

»Ein Ritual«, antworte ich und wundere mich, dass der Bauer meine Rituale im Wald bemerkt hat. »Der Mann dort kommt aus Peru, er ist ein Schamane, ein Heiler. Er wird uns zeigen, was wir machen können, wenn wir uns schwach fühlen und neue Kraft brauchen.«

»Du meinst, wenn du neben dem Wind bist? Das kenne ich.«

Staunend blicke ich den alten Bauern an, eine so private Aussage hat er mir gegenüber noch nie gemacht. Wie treffend er das ausgedrückt hat, worum es uns bei diesem Ritual geht: zu bewirken, nicht mehr »neben dem Wind« zu sein, sondern mit dem Wind zu sein, im Wind zu sein, Wind zu sein.

»*Der Frühmensch profitiert davon, dass er zumeist fast alle Griffe kann, die er zur Selbsterhaltung braucht, während er alles, was nicht gekonnt werden kann, im Schutz von Ritualen mehr oder weniger routiniert übersteht. Nehmen Sie an, die Sintflut fällt vom Himmel auf Ihr Blätterdach, dann können Sie, wenn sich das Unwetter überhaupt überstehen lässt, es besser überstehen, wenn Sie ein Lied für den Wettergott rezitieren. Es ist nicht wichtig, dass Sie selber Wetter machen können, sondern dass Sie eine Technik kennen, bei schlechtem Wetter in Form zu bleiben; es muss in Ihrer Kompetenz liegen, auch dann etwas zu tun, wenn man ansonsten nichts tun kann.*

*In Ritualen spüren die Menschen der Frühzeit den existenziellen Boden unter den Füßen: Rituale besitzen die Macht, eine ansonsten nicht zu meisternde Welt in Ordnung zu bringen.*«
Peter Sloterdijk, SZ-Magazin, Heft 34/2009

Die Augen des Bauern verfolgen den Weg der Steine vom Ackerrand in die Spirale. »Und um euch besser zu fühlen, macht ihr eine Spirale aus Steinen?«

»Ja.«

»Na ja«, Bauer Beeken verschiebt seine grüne Schirmmütze und kratzt sich mit nachdenklicher Miene am Hinterkopf, »mit Steinen haben sie in alter Zeit hier ja schon immer so Sachen gemacht. Da hinten in der Oldendorfer Totenstatt sind auch noch so lange Gänge mit Steinen auf den Hügelgräbern.« Der Bauer weist mit seiner schwieligen Hand in die Richtung, in der sich die Mittagssonne hinter den grauen, dunklen Wolken verbirgt.

»Der Mann da aus Peru«, der Bauer nickt dem immer noch pfeifend im Mittelpunkt der Spirale verharrenden Mann zu, »der kennt doch unser Land hier gar nicht. Er weiß nicht, was auf diesem Feld gewachsen ist. Und unsere Sprache kann er bestimmt auch nicht, oder?«

Ich schüttele verneinend den Kopf.

»Dann weiß er auch nicht, wie wir hier so denken. Wie kann er euch dann zeigen, was ihr machen sollt?«

Verlegen suche ich nach einer Antwort, ohne einen Grundsatzvortrag über Schamanismus und seine Wirkweisen zu halten.

»Der weiß das schon, der ist hellsichtig«, sage ich nur.

Der alte Bauer kneift die Augen zusammen, fixiert neugierig und eindringlich den Schamanen, nickt ihm noch einmal zu, dreht sich um und geht.

»Dann macht man das gut«, ist sein knapper Abschiedsgruß.

Als er wieder auf dem Trecker sitzt, beugt er sich noch einmal heraus und ruft in den Wind: »Aber die Steine, die legt ihr hinterher wieder dahin, wo ihr sie weggenommen habt.« Ich hebe bestätigend den Arm.

Bauer Beeken, ein Mann ohne theoretisches Wissen über Schamanismus, ohne die Erfahrung von schamanischen Ritualen. Aber mit der Erfahrung einer lebenslangen Verbindung zur Natur – und das sicherlich nicht nur als Produzent landwirtschaftlicher Erzeugnisse. Aus dieser im Alltag gelebten Verbindung mit der Natur heraus hat er mit seinen Fragen einige der grundlegenden Fäden im Gewebe eines schamanischen Rituals berührt:

 Alle Erscheinungen von Leben haben einen Geist, sind Anteil des Urgeistes und sind miteinander verbunden.

– Der »Geist von etwas« kann sich in vielfältiger Erscheinung, in vielfältiger Form, als Information zeigen.

– Wer ein Ritual im Kontext schamanischer Weltsicht durchführt, muss »zu Hause« sein in diesem geistigen Feld, aus dem heraus bewusst, absichtsvoll, heilsam gewirkt werden soll.

– Die so rituell Wirkende erschafft und verändert Wirklichkeit durch ihr Tun und belegt die Erscheinungen von Wirklichkeit mit Bedeutung.

– Das bewusste Wirken geschieht aus dem egofreien, offenen, wachen Innen und aus der Verbindung mit heilsamen Kräften heraus; es ist nicht abhängig von äußeren Ritualattributen.
– Die im Ritual wirkende Person muss in der Lage sein, bewusst die Zugänge zu den Räumen der Wirklichkeiten zu öffnen, zu schließen und sich willentlich in und zwischen den Räumen zu bewegen.

Der peruanische Curandero Don Eduardo Calderon Palomino arbeitete vorzugsweise mit der Spirale, mit dem »Wirbel der Entfaltung«. Die bewusste Arbeit mit der Spirale sah er als ein zentrales Zeichen an, das wie kein anderes die Energien auf die Entfaltung des »inneren Ichs« konzentrieren – und zu tiefgreifenden Wahrnehmungsveränderungen führen kann. Abbildungen von Spiralen in allen Kulturen der Welt aus der Frühzeit der Menschheit erzählen von diesem Wissen.

Achtzehn Jahre sind vergangen, seit mich der Schamane von der Küste aus dem Norden Perus in die Erfahrung der Spirale der Wandlung geführt hat. In diesem Ritual haben Absicht, Konzentration, Bewegung, Klang und Feuer mein inneres Lebensfeuer so verwirbelt und aufs Neue entfacht, dass Unstimmiges vergehen konnte – und neues Wachstum sich entfaltet hat.

Manchmal, wenn ich ganz in meiner Kraft bin, fühle ich mich wie die Feuerfrau aus einem Südsee-Märchen: Ehe die Menschen das Feuer kannten, beherrschte nur sie, die alte Muhme in der Bucht einer der vielen Inseln, im Geheimen die Kunst, Feuer zu machen. Sie erzeugte das Feuer in sich selbst und zog es aus ihrem Körper, um damit ihre Speisen zu kochen.

So habe ich nach und nach gelernt, mein inneres Feuer selbst zu entfachen, wenn es zu niedrig brennt, und meinen eigenen Phoenix immer wieder neu aus der Asche meiner Transformation aufsteigen zu lassen. Manchmal ziehe ich auch das Feuer aus mir heraus – und verteile seine wandelnde Wärme in der Welt! Dazu möchte ich auch über dieses Buch anregen und ermutigen:
– das eigene Lebensfeuer zu entdecken, zu achten, zu stärken und immer wieder neu zu entfachen,

– mit dieser inneren Feuerkraft bewusst zu leben und die Energie dieses heilsamen Feuers weiterzugeben,
– den Tanz der Feuerfrau mit Lust und eigenen Schritten zu tanzen.

Wie der Geist all derjenigen, die mich auf vielfältige Weise vertraut gemacht haben mit der Wirkungskraft schamanischer Rituale, so ist auch der Geist dieses Schamanen mit meinem Geist verwoben. So trage ich in meinem Wirken auch die durch sein Wirken erfahrene Qualität von Geist weiter.

In meinem vielfarbigen Lebenswirken geht es mir nicht um ein an Vergangenheit orientiertes Schamanentum, nicht um Imitation oder Übernahme der Rituale indigener schamanischer Kulturen, sondern um ein mir und meinem Lebensraum entsprechendes, heilsames Tun, das vom Geist des Schamanismus gespeist wird.

*Schamanen-Tun statt Schamanen-tum.*
*Wandel durch Wirken.*
*Werden durch Wirken.*
*Wachsen durch Wirken.*
*Bewirken von Wirklichkeiten.*

Vielfach habe ich in den letzten siebenundzwanzig Jahren die mächtige Wirkkraft schamanischer Rituale erfahren, vielfach möchte ich sie mit diesem Buch als Inspiration zum »heilsamen Tun« weitergeben. So reihe ich mich ein in den Kreis all derjenigen, die gestern und heute und morgen daran arbeiten, heilsamen Geist in das Bewusstseinsnetz des sichtbaren und nichtsichtbaren Lebens einzuweben. Ich webe mein individuelles Seinsmuster bewusst ein in das große Lebensgeflecht der Gemeinschaft allen Seins, das für mich in schamanischer Weltsicht wurzelt. Diese Weltsicht bezieht sich nicht auf ein Glauben, sondern beruht auf eigener, über die Sinne erfahrener Wahrnehmung.

*»Wer nichts weiß, muss alles glauben.«*
Marie von Ebner-Eschenbach

Schamanismus ist eine seit mindestens einhunderttausend Jahren bestehende geniale Mischform aus Naturwissenschaft, Medizin, Psychotherapie und magischem Theater. Sie ist die älteste bekannte Form der Annäherung an die geistige Welt. Durch den Einfluss der mythischen Religionen, die es erst seit wenig mehr als zweitausend Jahren gibt, und auch durch politische Machtinteressen wurde der Schamanismus verboten, verfolgt, verunglimpft und belächelt – und ist dennoch immer noch lebendig. Aus den alten Wurzeln des Wissens wächst er mit neuen Trieben, nicht nur in indigenen Kulturen, sondern auch in unseren abendländischen Hochkulturen. Er entfaltet sich in neuen Formen, Farben und Mustern. Als undogmatische, sich auf Sinne, Geist, Resonanz und Natur beziehende Erfahrungswissenschaft ist Schamanismus wieder für viele der nach innerer Erfahrung, nach bewusster Eingebundenheit in Natur und nach Sinn suchenden Menschen zu einer kreativen, heilsamen Lebensweise geworden.

Wandel ist der Grundklang dieser heilsamen Lebensweise, der durch das schamanische Bewusstseinsfeld schwingt.

Energetische Stärkung, Erkennen des eigenen Geistes, Verwurzelung in der eigenen geistigen Kraft, Umgang mit dem Geist anderer Wesen sind die tragenden Töne in diesem Grundklang, der sich durch alle schamanischen Rituale zieht. Diese Elemente werden in den Ritualen der Wandlung so bewegt, dass sie sich entsprechend den Bedürfnissen und Absichten der am Ritual Beteiligten neu ausbalancieren können. Der Zustand der Unstimmigkeit in mir wandelt sich in den Zustand der Einstimmigkeit mit mir.

Bin ich in Einstimmung mit mir, bin ich mir der Verwurzelung in meiner geistigen Kraft bewusst und empfinde ich mich als einen Anteil der geistigen Welten – dann ist dieses In-mir-Sein der wirksamste Schutz bei energetischen Angriffen und Irritationen von außen und bei Zuständen von energetischer Schwäche.

Deshalb liegt ein Schwerpunkt bei schamanischen Heilritualen auf der Stärkung der eigenen Energie der Teilnehmerinnen. Auch für die Ritualausführende oder die Schamanin ist die Aufmerksamkeit auf die ständige Erneuerung, Stärkung und das Wachstum dieser Kraft eine lebenslange Arbeit an sich selbst.

Ohne diese Arbeit an der Entwicklung und Stärkung des eigenen Energiepotenzials ist keine heilsame Arbeit für einen anderen Menschen möglich.

Der wirkungsvollste energetische Schutz wird durch die ständige aufmerksame Arbeit an der eigenen geistigen Stärke gebildet. Doch es gibt herausfordernde Situationen, in denen auch die mächtigste Schamanin und die erfahrenste Ritualfrau ein zusätzliches Schutzritual für sich selbst braucht. Ich nenne das ein Notfall-Schutzritual, so wie es auch Notfalltropfen gibt, die selbst wissende Heilpflanzenfrauen manchmal brauchen!

Es ist ein langer Lernweg, bis man so tief in der eigenen geistigen Kraft zentriert ist, dass nur noch selten ein Notfall-Schutzritual für sich selbst notwendig ist. Dieser lange Weg führt auch in schamanischen Welten durch so etliche Ausbildungs-Irrgärten, Ego-Fallgruben und Vorstellungs-Sackgassen. Schamanische Welten sind keine »heilen Welten«, es sind Lebenswelten – und das Leben birgt Risiken in sich.

Um diesen Risiken mehr und mehr intelligent begegnen zu können, möchte ich über dieses Buch die Aufmerksamkeit wecken für einige der aus meiner Erfahrung wichtigsten Schlüssel zum Öffnen der Pforten zum schamanischen Feld heilsamen Wirkens. Diese Schlüssel tragen die Bezeichnungen:

Aufmerksamkeit, Achtsamkeit, bewusste Wahrnehmung, bewusste Empfindung, Zentrierung, erwecken, festigen und wachsen der eigenen geistigen Kraft, Verbindung mit dem Geist anderer Erscheinungen von Leben.

 **Heilsamer Wandel**
ist das Kernanliegen schamanischer Rituale.
Wandel ist Bewegung, Bewegung ist ein Prozess.
Bewusster Wandel ist heilsame Bewegung.
– Von Erstarrung zu Bewegung.
– Von Unwissen zu Wissen.
– Von Ungleichgewicht zu Gleichgewicht.
– Von Ungeschütztheit zu Geschütztheit.
– Von Kraftlosigkeit zu Stärke.

- Von Eifersucht, Neid und Hass zu Liebe und Mitgefühl.
- Von Angst zu Vertrauen.
- Vom Tunnelblick zur Vision.

Eigentlich ist es einfach, diesem allem Leben zugrunde liegenden Bewegungsklang zu folgen, um möglichst oft im Zustand eines heilsamen Lebens zu sein.

Bewegungsklang ist etwas anderes als Bewegung. Bewegungsklang entfaltet sich aus der Bewegung im Innen, der Bewegung des Geistes.

Bewegung, die im Außen stattfindet, besagt nichts über einen Wandel im Innen, kann innere Starre sein trotz perfekt getanzter Lebensschritte. Scheinbare Unbeweglichkeit des Körpers im Außen, wie beispielsweise in der Meditation, im Yoga, bei den Rituellen Körperhaltungen[1], kann in intensive, tiefste Bewegungen im Inneren führen, in wandelnden Bewegungsklang.

Äußere Bewegung ist nicht gleich innere Bewegung – davon erzählt auch diese Fabel:

*Die Schwalbe und die Eule*
*»Ich habe auf meinen Reisen die halbe Welt gesehen und bin reicher an Erfahrung als alle Vögel«, sprach die Schwalbe zur Eule.*
*»Wie kommt es, dass man deine Weisheit rühmt, obwohl du im Dunkeln sitzest und kaum deinen Felsen verlässt?«*
*»Ich sehe am schärfsten mit geschlossenen Augen und meine Gedanken reichen weiter als deine Flügel!«, antwortete die Eule.*

Ich habe mich entschieden, eine sich im Außen bewegende Wandel-Schwalbe zu sein, aber mit der Innenbewegung einer Wandel-Eule. Dieser verbindende Bewegungsklang klingt stimmig in mir.

1 Damit ist die Methode »Rituelle Körperhaltungen und Ekstatische Trance nach Dr. Felicitas Goodman«® gemeint, die im Schamanismus wurzelt und die ich unter anderem in Seminaren lehre. Siehe dazu mein Buch Ekstatische Trance (weitere Angaben in der Bibliografie).

Sind wir selbst, unser Körper, unser Geist, unsere Seele nicht ein bio-chemischer und zugleich geistiger Tanz ständiger Wandlungen?

Das Wissen um die tiefe Wirkung dieses Wandlungstanzes lässt Kinder, Derwische und Mönche sich schnell im Kreis um die eigene Achse drehen – und lässt vor allem wilde, also mit ihrer Natur lebende Frauen, mit kreativ wirbelnden Schritten durchs Leben gehen. Derwische und Mönche verbinden sich so mit den geistigen Kräften und bewirken Wandlung in sich. Frauen ehren, entfalten und beleben durch tanzende Bewegungen ihre sinnenfrohe Göttinnenkraft und stärken so immer wieder neu ihre einzigartige Wandlungsqualität: Leben weiterzugeben – nicht nur im biologischen Sinne.

Kinder bewirken aus sich selbst heraus durch die drehende Bewegung Freude und ein verändertes Gefühl von Körper und Zeit in sich – so wie es in einem sibirischen Märchen erzählt wird: »Wenn du dich im Kreise drehst, steigst du im Handumdrehen in den Himmel.« Vielleicht haben die sibirischen Schamanen, von denen einige auch heute noch die Methode des Drehens einsetzen, um in geistige Welten zu »fliegen«, das Drehen von Kindern und Winden gelernt …

Wir sind ein ständiger Tanz der Wandlung, auch wenn wir uns dessen nicht immer bewusst sind. Die Zellen in unserem Körper erneuern sich ständig in bestimmten Rhythmen, ohne dass sich an unserer Selbstwahrnehmung etwas ändert. Wenn in uns ein so aufsehenerregender Wechsel von gleichzeitigem Wandel und bleibender Identität stattfindet, kann es bedeuten, dass unser Selbst nicht an den Körper gebunden ist. Vielleicht ändert sich unter Einbeziehung dieser Möglichkeit auch unser Verstehen der alten Geschichten, in denen von Gestaltwandlern und Zauberern erzählt wird, so wie in einer Erzählung vom Volk der Arowaken:

*»Keiner war so weit vorgeschritten in der Kunst der Zauberärzte wie der Zauberarzt Makanaholo. Er erhob sich von der Erde, ging über Bäume, ja, er gab sich Flügel, wenn er wollte.*

*Am wunderbarsten aber von allen seinen Künsten war die Macht, willkürlich sein Aussehen zu wechseln und die Gestalt dieses oder jenes Tieres anzunehmen, wie es ihm gerade gefiel.«*
Indianermärchen aus Südamerika, Koch-Grünberg, 1921

Wir nehmen auch die Außenwelt fast immer gleichbleibend wahr, obwohl sie sich ständig wandelt.

Unsere Wahrnehmung ist mehr auf das Bleibende angelegt, wir nehmen nicht im Zeitraffer wahr – sondern nur, wenn es abrupte oder einschneidende, deutlich unterscheidbare Änderungen und Wandlungen im Außen gibt. Unser Gehirn funktioniert wie eine Art Reduktionsfilter, denn die Eindrücke sind viel umfangreicher als das, was wir aufnehmen können. Auch das ist sicher ein Grund, dass wir mehr das Bleibende als das sich Wandelnde wahrnehmen.

Diese biochemischen Vorgänge stellen erhebliche Herausforderungen dar bei der Bemühung um bewussten Wandel in Zusammenhang mit schamanischer Weltsicht.

Doch nicht genug der Herausforderungen für unerschrockene Weltenwanderinnen auf schamanischen Wandlungswegen: Hinzu kommen noch die zahlreichen, die Klarheit und Wachheit des Geistes verschleiernden Filter anerzogener und kulturell geprägter Wahrnehmung, die es verhindern, den Lebensgrundklang »Wandel« zu empfinden.

*»Wir leiden unter Mangel an Wahrnehmung, nicht unter Mangel an Möglichkeiten.«*
Gisela Rohmert, Begründerin der klangorientierten Körperarbeit Lichtenberger® Institut

Und für all diejenigen, die sich bis hierher nicht haben erschrecken lassen und weiter gehen wollen, um Wissende zu sein – für die kommt noch die Bewältigung der Herausforderung von Tunnelblick und verstopften Ohren hinzu. Diese beiden Eigenschaften sind spezialisiert darauf zu verhindern, den eigenen Lebensklang zu erlauschen.

Diese Filter, die sich scheinbar plötzlich, ohne großen Anlass über Geist, Seele und den Körper legen, bestehen hauptsächlich aus Angst. Angst vor Versagen, vor Verlust – und auch die zermürbenden Selbstzweifel speisen sich aus Angst. Zu diesem Angst-Cocktail kommen noch Erfüllungsdruck, Vorstellungskorsett und so etliche einengende, verzerrende Wahrnehmungsfilter mehr.

»*Angst klopfte an. Vertrauen öffnete. Keiner war draußen.*«
Sprichwort aus China

Es waren die Begegnungen mit heilsam wirkenden Menschen und schamanische Rituale, die meine blockierten Wahrnehmungsfilter wie Schnee in der Sonne haben schmelzen lassen, die meinen Klarblick »geputzt« und einen vieldimensionalen Blick geöffnet haben, die mich ermutigt haben, mein eigenes inneres Leben zu leben und gleichzeitig im Bewegungsfluss des Lebens zu sein – nach und nach.

*Es flog ein altes Weib im Korb*
*hoch übern Mond hinaus,*
*in ihrer Hand ein Besenstiel,*
*worauf wollt sie hinaus?*

»*Wohin, wohin, wohin« frag ich,*
»*du alte Frau dort oben?«*
»*Ich feg die Spinnweben hinaus,*
*die alles vollgewoben.*

*Ich feg die alten Netze weg*
*vom hohen Himmelsdach.«*
»*Oh, darf ich mit dir gehen?« frag ich,*
*und sie sagt:* »*Nach und nach.*«

Nach und nach – so habe ich mit Hilfe von wissenden Menschen, in Begegnungen mit den Lehrmeistern Wind, Wasser, Feuer und der guten alten und ewig jungen Mutter Erde mit dem Reichtum ihrer Pflanzen- und Tierkinder gelernt, meinen Geist zu erkennen und dadurch auch ihren Geist erkennen zu können. In diesen Begegnungen wurde ich herausgefordert und unterwiesen, mein Lied zu singen, Verantwortung für den Klang meines Lebens zu übernehmen.

***Ich bin unterwiesen***
*»Geist spricht aus mir.*
*Von meiner Brust her möge der Blütenstaub*
*der Morgendämmerung mich unterweisen.*
*Von meinem Rücken her möge der Blütenstaub*
*des gelben Abendlichts mich unterweisen.*
*Von meinen Fußsohlen her möge der Blütenstaub des kleinen Wirbelwindes, der auf der Erde weht, mich unterweisen.*
*Unterwiesen durch Himmel, Sonnenstrahl und Vogel,*
*die über meinem Haupt stehen, will ich gehen.*
*Der Blütenstaub, den der kleine Wirbelwind mit sich trägt,*
*wird meine Zungenspitze unterweisen.*
*Ich bin unterwiesen.*
*Ich bin.«*
Gesang aus der Navajo-Mythe der Entstehung vom männlichen Schießgesang

 Schamanische Rituale wurzeln in dem erfahrenen Wissen der Eingebundenheit von allem in das schöpferische Bewusstseinsfeld.
Sie führen in die bewusste Verbindung des eigenen Geistes mit dem allem innewohnenden Geist.
Sie führen in die Erfahrung, ein Anteil zu sein der lebendigen Formen und Informationen von Natur. Auch der Mensch ist Natur.

Bauer Beeken würde das verstehen – auch wenn seine Worte dafür andere wären. Hätte er an dem Ritual teilgenommen, dann hätte er wahrscheinlich erfahren, wie und wodurch der so beharrlich in den Wind pfeifende und sich im Wind drehende Schamane in der

Spirale auf dem Stoppelfeld ein Ritual der Wandlung bewirken konnte.

»Verstehen« von Ritualen ist nur möglich durch das eigene, bewusste Erfahren, nicht durch Beobachtung.

Was auch immer wir erfahren – ob es uns geschieht oder wir es bewirken –, verändert nur dann etwas in uns, wenn aus dieser Erfahrung ein bewusstes Erleben wird.

*Er-Leben = im Leben leben.*

Sonst geschieht, was so oft geschieht: Wir machen immer wieder die gleichen »Fehler«, kommen nicht weiter, erstarren.

Bewusstes Erleben ist kein Verstandesakt, sondern entspringt aus einem Moment der innersten Berührung, einem Moment der Erkenntnis.

Dieser Erkenntnismoment ist immer verbunden mit *Empfindung*. Empfindung ist keine Gefühlsduselei. Alles Lebendige fühlt, auch sogenannte niedere Lebensformen wie Bakterien und Einzeller, unsere Zellen und auch das Gehirn fühlen. Das behaupten nicht etwa nur einige seltsame Esoteriker und ungebildete Schamaninnen[2] in fernen Ländern, sondern auch Biologen wie Andreas Weber und Quantenphysiker wie Hans-Peter Dürr.

Unser unmittelbarer Zugang zum Erleben der Welt findet nicht über den Geist statt, sondern geschieht über die Sinne. Wir empfinden die Welt. Im Moment der Empfindung sind wir nichts als Empfindung, sind im Innen, ohne Trennung von Körper und Geist. Alles, was wir wahrnehmen, ist mit einer Empfindungsqualität verbunden.

Es ist möglich, etwas zu empfinden, wie es ist, ohne es zu bewerten. Diese hohe Schule der Wahrnehmung erfordert ein ständiges Aufmerksamkeits- und Empfindungstraining, denn vor allem in Bezug auf die Wahrnehmung von Menschen und Tieren fällt es schwer, nicht zu werten. Das Grün der Bäume einfach als »grün« wahrzunehmen, oder das Blau des Himmels als »blau«,

---

2 Wenn im Folgenden von Schamanin, Ritualausführender, Ritualleiterin oder Behandelnder gesprochen wird, ist gleichzeitig auch die männliche Form gemeint.

ohne weitere Interpretationen, das erscheint einfach. Doch diese einfache Übung, etwas wahrzunehmen ohne es auf sich zu beziehen, birgt eine tiefgreifende Möglichkeit in sich, die nicht wertende Empfindungskraft zu wecken und zu stärken.

Und noch eine einfache Möglichkeit des Beginns bewusster Wahrnehmung ist: zu staunen!

*Das Staunen ist der Anfang jeder Erkenntnis[3].*

Erkenntnis beinhaltet, sich immer wieder neu zu gebären und unbelastet von Zuordnung staunend den Erscheinungen der Welten zu begegnen.

So wie das Verstehen von Ritualen nur möglich ist durch das eigene, bewusste Erfahren, so ist das Durchführen von Ritualen für sich selbst oder andere nur wirksam im egofreien Zustand veränderter, erhöhter und bewusster Wahrnehmung. Aus diesen Voraussetzungen können sich Erkenntnis, Sehen und heilsames Wirken im Ritual entfalten. Die Voraussetzungen für diese hohe Qualität von Wahrnehmung tragen wir in uns, in unserem Körper, in den Sinnen und im Geist. Auch »echte« Schamaninnen müssen lebenslang etwas dafür »tun«, diese Fähigkeiten zu entwickeln und zu stärken, um wirkungsvolle Heilrituale durchzuführen.

Die Wahrnehmungsübungen in diesem und im nächsten Kapitel sind Instrumente zum Aufwecken, Stärken und zur Sensibilisierung der Wahrnehmungsfähigkeiten von Ritualfrauen, die in dieser Weise gut vorbereitet Rituale mit schamanischen Methoden heilsam durchführen.

 Hinweis zu den Wahrnehmungsübungen
Manche Übungen lassen sich anfangs leichter durchführen, wenn eine aufmerksame Freundin dir die Anleitung Schritt für Schritt vorliest, so dass du deine Aufmerksamkeit auf die Ausübung der Schritte richten kannst.

---

3 Im Französischen heißt Erkenntnis *connaissance* und enthält den Wortbestandteil *naissance*, »Geburt«.

Achte darauf, dass du für die Übungen immer einen weiten Zeitraum zur Verfügung hast.
Richte deine Aufmerksamkeit darauf, die jeweils richtige Dauer der einzelnen Übungsschritte zu spüren – ohne Uhr.

 **Training der Empfindung: die Qualität Grün**
– Stelle dich mit leicht gebeugten Knien auf einen ruhigen Platz im Grünen, die Arme liegen locker am Köper, die offenen Handflächen weisen nach vorne.
– Wenn sich während der Übung aus dem Körper heraus eine Bewegung entwickelt, lasse sie zu, ohne sie willentlich zu forcieren oder zu lenken.
– Atme gleichmäßig und ohne Anstrengung mehrmals ein und aus, spüre die Erde unter deinen Füßen.
– Lasse mit geöffneten Augen und ruhigem Atem das Grün der dich umgebenden Natur auf dich einwirken.
– Richte deine Aufmerksamkeit auf das »dritte Auge« (in der Stirnmitte) und verändere deinen Blick: Lasse ihn weich werden, wie mit einem Schimmer überzogen.
– Lasse deine Augen nach innen rutschen, in den Kopf hinein, und nimm vom »dritten Auge« aus das Grün um dich herum wahr – doch halte nichts fest mit deinem Blick.
– Nimm das Grün wahr wie ein Zeuge des Grüns, ohne Zuordnungen oder Assoziationen wie Licht, Farbe, Schwingung, Lebenskraft, botanische Bezeichnungen usw.
– Empfinde das Grün als eine Qualität, die unabhängig von dem pflanzlichen Träger des Grüns ist.
– Nun nimm mit jedem Atemzug die Qualität Grün in dich auf.
– Nimm wahr, wie sich das Grün in deinem Körper ausbreitet, dich durchströmt und wie du mit jedem Atemzug selbst zu diesem Grün wirst.
– Richte deine Aufmerksamkeit darauf, dich als Grün zu empfinden. Denke nicht darüber nach, folge deiner Empfindung.
– Atme bewusst Grün ein, atme bewusst Grün aus dir heraus.
– Nimm wahr, wie über dein Atmen das Grün um dich herum und das Grün in dir mehr und mehr zu einer Einheit wird.

Sei dir bewusst: Du bist das Grün. Du hast die Grün-Fähigkeit, immer wieder neue Triebe aus dir heraus wachsen zu lassen.

– Beende die Übung, indem du deinen Atem wieder aus dem dich umgebenden Grün herausziehst und dir beim Ein- und Ausatmen deines Körpers bewusst wirst.

Dann nimm einige grüne Blätter in deine Hände, zerreibe sie zwischen deinen Handflächen, rieche an ihnen und massiere mit dem Blättersaft und dem Gründuft sanft dein Gesicht.

Du siehst danach etwas grün im Gesicht aus? Lache darüber und erinnere dich: Es gibt nicht nur den berühmten *Grünen Mann*, den Beschützer des Waldes und der Tiere – es gibt auch die *Grüne Frau* als die das Grün und die Tiere beschützende Waldfrau.

Alle Qualitäten gehören zur Welt des Geistes. Quantitäten und Fakten – beispielsweise der blühende Holunderstrauch – gehören zur materiellen Welt, sind die materielle Verwirklichung einer geistigen Qualität.

Diese Empfindungsübung auf Menschen zu übertragen, ist möglich, erfordert aber bereits fundierte Erfahrung in der Wahrnehmung von Empfindung.

Der Zugang zur Empfindung der Qualitäten von Farben und Klängen in der Natur (das Rauschen des Windes, der Gesang eines Vogels, das Dunkel einer Höhle) fällt nicht schwer. Bei der Wahrnehmung der Wesensqualität eines Menschen und auch eines Tieres lassen wir uns jedoch von vielen Vorurteilen, Erwartungen und Vorstellungen beeinflussen und sind dadurch schnell in der Zuordnung von Zuneigung und Abneigung (die dumme Blondine, das niedliche Kätzchen usw.).

Und wie nehme ich mich selbst wahr? Unser bester Wahrnehmungsspiegel ist der Mensch, dem wir mit Aufmerksamkeit bewusst begegnen. Auch der Mensch, bei dessen Anblick sich mir die Nackenhaare aufstellen, erzählt mir von mir.

Und eine Facette des Spiegels meiner Wirklichkeit ist sicherlich auch die Art und Weise, wie mich andere wahrnehmen. Doch wenn ich mit dieser Facette der Fremdwahrnehmung konfrontiert bin, bemühe ich mich, gelassen zu bleiben – weiß ich doch: Was immer jemand anderes aus mir machen will, ich gehe weiter auf dem Weg, die zu sein, die ich bin. Und oft bin ich vollkommen in meiner Unvollkommenheit und erinnere mich mit einem Lächeln an all die heilsam wirkenden, weisen Menschen, denen ich begegnet bin im Zustand ihres Menschseins, im Zustand ihrer unvollkommenen Vollkommenheit: ärgerliche und geizige Sufimeister, eifersüchtige und eitle Schamaninnen, lüsterne und geldgierige Schamanen, genervte und fernsehbesessene Erleuchtete ...

Vorurteile, Erwartungen und Vorstellungen: Mit ihnen verhindern wir die Wahrnehmung der Seinsqualität dessen, dem wir begegnen. So verhindern wir den Reichtum der Erfahrung neuer Beziehungen zur Welt.

*»Die Menschen urteilen insgesamt mehr nach den Augen als nach dem Gefühl, denn sehen können alle, fühlen aber wenige. Jeder sieht, was du scheinst, wenige fühlen, was du bist.«*
Machiavelli (1469–1527)

## Sinneswandel

Erfahrung ist ein lebendiger Moment im *Jetzt*. Die Erfahrung von gestern gilt für das *Vergangene* und ist nicht auf den jetzigen Moment übertragbar – auch wenn ich wieder am gleichen Platz mit den gleichen Menschen sitze, den gleichen Gesang höre, den gleichen Rhythmus trommle, die gleiche Räucherung rieche und die gleiche Anrufung spreche wie vor einem Jahr. Ich bin jetzt eine andere als in der gleichen Situation von vor einem Jahr – denn heute ist die damals gemachte Erfahrung ein Teil von mir. Sie ist kein konserviertes Erinnerungsstück, das ich bei Bedarf aus dem Erinnerungsschrank ziehe, sondern sie ist lebendig in mir. Die erlebten Erfahrungen haben aus mir den Menschen gemacht, der ich heute bin.

Ich habe auch aufgehört, der Erinnerung an Erfahrungen zu viel Bedeutung und Aufmerksamkeit zu schenken – denn das Gedächtnis und die Erinnerung bestehen aus einer Gemeinschaft von launischen, wechselhaften Chamäleons ...

»*Du musst das Leben nicht verstehen,*
*dann wird es werden wie ein Fest.*
*Und lass dir jeden Tag geschehen*
*So wie ein Kind im Weitergehen*
*Von dem Wehen*
*Sich viele Blüten schenken lässt.*«
Rainer Maria Rilke

Spüre ich den in mir lebendigen Erfahrungen nach, empfinde ich mein Gedächtnis als weit mehr als nur eine Gehirnfunktion. Ich empfinde meine Erinnerungen wie ein Multimedia-Notizbuch, das sich bewegt, verändert – und vor allem: das ich verändern kann. Ich bin keine lebenslange Sklavin meiner Erinnerungen, ich kann die Meisterin meines Gedächtnisses sein. Auch das gehört mit zur heilsamen Arbeit einer Schamanin: die ein heilsames Leben verhindernden, unliebsamen, schlechten, schmerzhaften, schuldbeladenen Erinnerungen zu »vergessen«. Erinnerungen sind Gedanken. Ich bin es, die Gedanken erschafft und mit Bedeutung belegt, ich bin es, die sie wieder wegschaffen, ihre Bedeutung verändern kann. Therapeutinnen und Heilerinnen leisten in unserer Kultur auch diese heilsame Arbeit.

Am Flussdschungel Perus begegnete ich einem Schamanen, dessen Spezialität es ist, über ein Ritual zu bewirken, dass sich Menschen voneinander in Frieden trennen können, indem sie den anderen »vergessen«. Ein Schamane an der Lagune von Yarina Cocha in Peru behandelt vor allem junge Mütter, die ihre Kinder fortgeben mussten und unter den Erinnerungen an sie und Schuldgefühlen leiden. Er besingt sie mit *ikaros*, rituellen Gesängen, die bewirken, dass sich die Gefühle und Gedanken der Mütter in Bezug auf ihre verlorenen Kinder heilsam wandeln. Sie werden durch die Heilarbeit des Schamanen wieder in den Zustand versetzt, ihre eigene Wirklichkeit in der Gegenwart neu zu erschaffen, mit neuen Bedeutungen zu belegen.

Wandle ich bewusst die Empfindung für mein *Ich*, jetzt, in der Gegenwart, so wandle ich damit auch die Empfindung für meine Vergangenheit. Gelingt es mir, mein *Ich* zu empfinden, dann spüre ich, dass diese Empfindung sich nicht nur auf meinen Körper bezieht, sondern auch auf meine Gefühle, meine Gedanken, meine kreative innere Kraft – auf die Empfindung meines Wesens, meines Geistes.

Die Empfindung all dessen, was *Ich bin*, kann der Schlüssel sein zum Erkennen des kreativen Möglichkeiten-Reichtums meines Bewusstseins. *Ich selbst bin* unendlich viele Möglichkeiten an Wandel-Variationen.

*»Denn die Gedanken sind die Saiten des Instruments, auf dem Gestalten erzeugt werden.«*
Rumi

Wie leicht fällt es mir, kreative Kraft in mir zu entfalten und sie dafür zu verwenden, in Gedanken mir die schönsten Vorstellungen von etwas, was ich mir erwünsche, auf meiner inneren Lebensleinwand auszumalen. Wie schwer ist es dagegen, kreative Kraft aus mir heraus dafür einzusetzen, unerwünschte Gedanken, unliebsame Erinnerungen von gestern wieder von meiner inneren Leinwand zu wischen. Schwer ist es – denn auch schmerzhafte Erinnerungen können zu einem lebendigen Teil unseres Lebens geworden sein –, aber es ist möglich. Wir erschaffen uns unsere »Himmel« und »Höllen« selbst, nicht nur in Gedanken, sondern in jeder unserer Zellen als Sinneseindruck. Erinnerungen und Gedanken sind immer verbunden mit Sinnesempfindung.

Schamanische Rituale können mit der Beteiligung aller Sinne einen Sinneswandel anstoßen und bewirken, immer öfter und immer länger in stimmigen »Himmeln« alltäglich leben zu können – nach und nach.

Sinneswandel ist für mich das Zauberwort, das sich durch die Rituale von Schamaninnen und im Geist des Schamanismus wirkenden Menschen webt.

»*Unser Gedächtnis wird jeden Tag neu geboren. Erinnerungen sind keine für alle Zeit in Stein gemeißelten Keilschrift-Texte, sie gleichen vielmehr flüchtigen Word-Dokumenten, die man sich gelegentlich auf den Bildschirm holt, ein bisschen bearbeitet und dann neu abspeichert.*«
Elisabeth Loftus, amerikanische Psychologin, Erforscherin des menschlichen Gedächtnisses, Süddeutsche Zeitung, 29. August 2009

Wir erwirken unsere Wirklichkeit durch Gefühl und Interpretation in uns selbst, beides sind ein Ausdruck der von uns bereits erfahrenen Welt. Gefühle und Interpretationen entstehen nicht aus einem Nichts heraus, sie sind so etwas wie Erinnerungen an bereits erfahrene Wirklichkeiten.

Die Art meiner Wirklichkeiten erzählt davon, wie ich die Beziehungen zu »Welt« herstelle, mit welcher Bedeutung ich sie belege, wie ich sie gestalte und wie ich sie lebe, diese Schwingung zwischen *mir* und dem, was *außer mir* ist. Diese Schwingung wirkt in mir und ich wirke in ihr. Sich dieser Resonanz bewusst zu sein und sie zu nutzen, gehört mit in das Grundgewebe schamanischer Arbeit – seit einigen Jahrtausenden, lange bevor Resonanz in den Blickpunkt von Philosophen, Physikern, Hirn- und Verhaltensforschern geriet.

Verändere ich meine Wahrnehmung von »Welt«, verändere ich meine Beziehung zur »Welt« – und somit meine Wirklichkeit.

Der Visionär William Blake hat einmal gesagt: »Ein jedes Ding, das geglaubt werden kann, ist ein Abbild der Wahrheit.« Dem füge ich hinzu: Ein jedes Ding, das erfahren werden kann, ist ein Abbild der Wirklichkeit.

»*Freiheit von Vorurteilen verleiht den Augen*
*Unterscheidungsgabe und Licht.*
*Ichbezogenheit hingegen macht blind*
*Und Vorurteile versenken das Wissen im Grab.*
*Wo kein Vorurteil herrscht, wird Nicht-Wissen zur Weisheit*
*Während Vorurteile das Wissen verdrehen.*

*Widerstehe also ihrem Zug,*
*Und dein Auge sieht klar.*
*Handelst du ichsüchtig,*
*So wirst du blind und ein Sklave.«*
Dschalal ad-Din Muhammad Rumi

 Schamanische Rituale der Wandlung können über die bewusste Kommunikation von »Geist zu Geist« Wirklichkeiten verändern.
– Die innere Absicht zum Wandel findet einen über die Sinne erfahrbaren Ausdruck im Ritual, indem der Mensch bewusst mit dem kreativen, durch die Grundschwingung Liebe gekennzeichneten »Resonanzfeld Leben« in Beziehung tritt.
– Die Bereitschaft zum Wandel und die rituelle Handlung – Klang, Gesang, Rhythmus, rituelle Bewegung, Wort, Räucherung, rituelle Waschung, Pflanzen u. a. – öffnen für eine veränderte Wahrnehmung der eigenen Wirklichkeit.
– Diese vom normalen Wachzustand sich unterscheidende Wahrnehmung teilt sich über empfindende Erkenntnis mit. Ob die Empfindung an ein bildhaftes Erleben, eine Vision gekoppelt ist oder ohne Bilder wahrgenommen wird, sagt nichts über die Intensität oder Tiefe der Erkenntnis aus.

Doch was war es nun, das gewirkt hat in diesem windigen Ritual der Wandlung auf dem Stoppelacker in der Steinspirale? War es der Schamane, das Räucherfeuer, der Wind – oder waren es die Teilnehmer? Oder sind wir damals einer meisterhaften illusionistischen Aufführung erlegen, einer spirituellen Manipulation im Banne schamanischer Exotik?

Es war der Schamane, es war der Wind, es war das Räucherfeuer und es waren die Teilnehmer – und es war der alle und alles verbindende Geist in uns. Der peruanische Schamane hat damals, vor achtzehn Jahren, im Ritual gewirkt, wie Schamaninnen im Grundprinzip immer noch weltweit wirken.

Die Anzahl der daraus entspringenden Ritual-Varianten entspricht der Anzahl der praktizierenden Schamaninnen und der mit schamanischen Methoden praktizierenden Ritualfrauen. Es gibt nicht das einzig richtige schamanische Ritual. Richtig ist, was heilsam wirkt.

## Schamaninnen, Medizinfrauen, heilige Frauen, Ritualfrauen – Wer ist was und warum?

Viele Schamaninnen, heilige Frauen, Heilerinnen aus unterschiedlichen Ethnien habe ich auf meinem Lebensweg in Ritualen erlebt, habe mit ihnen und durch sie die vielgestaltigen Bewusstseinswelten des Schamanismus nach und nach intensiv und mich prägend kennengelernt. Wiederholt habe ich tiefgreifende Einsichten und heilsamen Wandel erlebt. Und nach und nach wuchs in mir die Frage: Wie kann ich alltäglich im Geist einer schamanischen Weltsicht hier bei uns in Westeuropa leben, in unserer nicht-schamanisch orientierten Gesellschaft?

Schamanisch, nicht-schamanisch, Schamaninnen, Nicht-Schamaninnen, Neo-Schamanismus, Informations-Schamanismus … Begriffe sind hilfreich, um vor allem nicht verständlichen Erscheinungen eine fest definierbare Bezeichnung zu geben. So sind sie anscheinend besser zu verstehen, einzuordnen, zu beurteilen. Anscheinend.

Ein solcher Begriff ist für mich beispielsweise der des Schamanen. Was eine Schamanin »tut«, das kann ich sehen und beschreiben. So wurde es schon seit einigen Jahrhunderten gemacht: beobachtet. Ich kann auf ethnografischen Listen nachlesen, was eine Schamanin in dieser und jener Kultur macht und kann überprüfen, wer eine Schamanin ist und wer nicht.

Wenn dem nur so wäre! Immer verworrener und schriller klingt mir die Schamanen-Erkennungsmelodie.

Es fällt mir nach langen Aufenthalten bei im Schamanismus lebenden Völkern immer schwerer, mit dem Begriff Schamanin in unserer Kultur umzugehen – einerseits aus Respekt vor denjenigen, die in ihren Gemeinschaften diese schwere Arbeit ausüben und in ihrer Sprache eine eigene Bezeichnung dafür haben. Andererseits empfinde ich die zunehmende Esoterik-Schamanen-

Modeströmung als vorwiegend unerträglich eitel in Selbstbezeichnung und Gebaren, dünn und flach im gelebten Wissen und verantwortungslos im Handeln.

Und dennoch – viel Heilsames wächst an den Ufern dieser schillernden Strömung. So sind angeregt und unterstützt durch die Arbeit von Schamaninnen vieler verschiedener Kulturen in den letzten rund vierzig Jahren ebenso vielfarbige Triebe aus unseren eingetrockneten, aber nicht abgestorbenen europäischen Wissenswurzeln des Schamanismus gewachsen.

Wie auch immer unsere europäischen Vorfahren die Schamanin in ihrer Sprache genannt haben mögen ... Ob nun der Begriff Schamane der Sprache des sibirischen Volkes der Evenki entstammt und *saman*, die »mit Feuer arbeiten«, bedeutet, oder ob die älteste Wurzel des Wortes Schamane auch in dem babylonisch-assyrischen Wort *schamasch* liegen könnte, dem Namen des Gottes der Sonne und der Orakel, oder ob Schamane in dem Sanskritbegriff *schaman* zu suchen ist, einem Begriff, der das Mitgefühl gegenüber Irrenden, Hilfesuchenden und die innere eigene Aufmerksamkeit bezeichnet – wichtig ist nur, dass jemand heilsam wirkt. Nicht, wie sie bezeichnet wird.

Viele der nordamerikanischen Ureinwohner lehnen den Begriff Schamane als Bezeichnung für diejenigen, die über die besondere Gabe der Vision und des Kontakts zur Welt der Geister verfügen, ab. Dieser aus einer anderen Kultur als der ihren stammende Begriff wird den Fähigkeiten ihrer heiligen Frauen, heiligen Männer nicht gerecht.

Die Bezeichnung heilig im Zusammenhang mit der Kultur der Völker im Südwesten der heutigen USA oder in schamanischen Traditionen Sibiriens und der Mongolei erweckt in unserem Sprachgebrauch irreführende Vorstellungen, denn er hat nichts zu tun mit dem Begriff heilig in der jüdisch-christlichen oder islamischen Religion. Der Bedeutung dieses Begriffes im Zusammenhang mit den Ureinwohnern Nordamerikas entspricht am ehesten die Umschreibung »spirituelle Essenz«, das heißt die gemeinte Person hat eine spirituelle Kraft und ein Verhältnis zu den Erscheinungen der Natur, das von Respekt, Würde und Freude bestimmt ist. In den schamanischen Traditionen Zentralasiens werden der »heilige Stein« oder der »heilige Baum« nicht als Stein oder Baum verehrt, sondern als Träger und Vermittler von »etwas ganz anderem«. In diesem »ganz anderen« zeigt sich der Geist der Natur, der kosmische Geist, aus dem alles entspringt.

Auch der von nicht-indigenen Amerikanern und Europäern oftmals verwendete Begriff Medizinmann oder Medizinfrau trifft nicht das, was die heiligen Frauen oder heiligen Männer für ihr Volk sind: nämlich auserwählte Menschen, die sich durch mächtige Visionen und durch den willentlichen Kontakt zur Geisterwelt auszeichnen. Die Gabe kann auch vererbt werden. Solche befähigten Menschen müssen sich einer lang andauernden Ausbildung im Umgang mit Geistern, Menschen, Tänzen, Gesängen und Heilpflanzen unterziehen. Das ist auch heute noch so.

Was also kann ich tun, wenn keine heilige Frau, keine heilsame Frau, keine Wissende da ist, um für mich ein Ritual durchzuführen oder um mich im Ritual zu begleiten?

Was mache ich, wenn ich ein am schamanischen Lebensgewebe orientiertes Ritual der Wandlung für mich selbst oder für jemand anderes durchführen will?

Und noch eine heikle Frage zum Thema »schamanische Rituale«: Muss ich selbst Schamanin sein, um ein Ritual mit schamanischen Methoden zu vollziehen?

Noch vor einigen Jahren habe ich diese Frage mit Ja beantwortet. Ja, man muss Schamanin sein, um ein schamanisches Ritual zu vollziehen. Doch das Erleben und Ausführen von Ritualen ohne Schamanin, aber mit dem Erfahrungshintergrund schamanischer Methoden hat meine Haltung gewandelt.

So fällt es mir heute, nach fast drei Jahrzehnten wachsender Verwurzelung in der geistigen und alltäglichen Welt des Schamanismus leichter, noch genauer zu unterscheiden und mit Respekt gegenüber den »echten« Schamaninnen zu sagen: Eine Schamanin ist eine Schamanin – ganz gleich, wie sie arbeitet.

Die bei uns im Westen übliche Art, das Heilen mit schamanischen Methoden in Rituale einzubetten, ist bei einigen der Völker im Amazonasgebiet nicht üblich.

Die Schamaninnen dort wirken äußerlich oft sehr unspektakulär, aber sie bewirken oft Unglaubliches in der Gemeinschaft und beim Einzelnen! Schamaninnen beziehen – wie jeder Pfarrer, Rabbi, Mullah oder Lama auch – ihre Kraft zum Wirken *nicht nur* aus ihrer geistigen Welt, sondern auch aus dem sie stärkenden Rückhalt im alltäglichen Leben in Verbundenheit mit der Gemeinschaft, aus dem Vertrauen der Gemeinschaft in ihre Wirkkraft.

Die Schamanin in einer im Weltbild des Schamanismus lebenden Gemeinschaft muss vor allem eine Grundvoraussetzung erfüllen: Sie muss über die besondere Gabe des Sehens und des Heilens verfügen, eine von »oben Behauchte« sein.

Diese Gabe ist nicht erlernbar, wenn sie nicht schon als Keim im Menschen angelegt ist. Sie beherrschen zu können erfordert körperliche und geistige Kraft und Disziplin, um herausfordernde, die eigenen Grenzen überschreitende Erfahrungen zu ertragen und in praktisches, heilsames Tun wandeln zu können. Schamanen-Tun.

Heilung im Schamanismus geschieht, wenn eine Störung im Lebensgefüge des Menschen oder der Gemeinschaft vorliegt. Das Lebensgefüge des Einzelnen und der Gemeinschaft steht im Zusammenhang mit dem kosmischen Gefüge, den geistigen Welten. Krankheit oder eine andere Störung (Unglück, Not, Neid und Eifersucht, Misserfolg, Beziehungsschwierigkeiten) sind Ausdruck dafür, sich nicht in Harmonie mit dem Lebens-Urgrund zu befinden, das heißt, in Einklang mit sich selbst.

Da es im Schamanismus keine Trennung zwischen Körper, Seele, Geist gibt, bezieht sich auch Heilung nicht nur auf die äußerliche Erscheinung von Krankheit, sondern immer auf die Ganzheit des Menschen.

Besingen, Besprechen, Beblasen, Aussaugen, Waschungen, rituelle Handlungen in der Natur zur Aussöhnung mit den Geistern, Diäten, Anwendung von Pflanzenmedizin sind die häufigsten Vorgehensweisen, um Menschen wieder in ihre »Ordnung« zu bringen. Heilung bezieht immer das soziale Umfeld des Menschen mit ein.

So ist es nicht nur alten Berichten von Ethnologen zufolge, so ist es immer noch – trotz des allgegenwärtigen Fernsehers und mittlerweile auch des Handys.

Ich lebe nicht in einer dieser indigenen Gemeinschaften; auch wenn ich oft dort bin, bleibe ich eine Besucherin in ihrer alltäglichen und geistigen Welt. Ich trage den Geist meiner Kultur mit mir, auch wenn ich mich kleide wie sie, spreche wie sie. Ich kann jederzeit ihre Welt verlassen. Sie können das nicht. Ich lebe nicht wie die von mir mit großer Dankbarkeit geachteten Schamanen-Lehrerinnen, ich wirke nicht wie sie.

Aber auch in mir kann ein Keim ruhen, der die Qualitäten einer Heilkraft in sich trägt und darauf wartet, geweckt und entfaltet zu werden. Deshalb kann ich heute sagen und es leben: Ich kann mit schamanischen Methoden ein Ritual durchführen und heilsam wirken, obwohl ich keine Schamanin bin.

Ich vertraue darauf, dass die intelligente Leserin diese feine, aber sehr entscheidende Differenzierung wahrnimmt:

Nur, weil ich meditiere, bin ich noch kein Yogi.

Nur, weil ich viele Heilpflanzen und ihre Wirkung kenne, bin ich noch keine Heilerin.

Nur, weil ich ein Schwitzhüttenritual nach Art der Lakota durchführe, bin ich noch keine Medizinfrau.

Nur, weil ich mich wie ein Mevlewi-Derwisch drehen kann, bin ich noch kein Derwisch.

Ein wachsender Kreis bewusster, wacher Menschen, die sich auf die Verbindung mit dem Geist von Natur beziehen und mit schamanischen Methoden aus dem reichen Fundus lebendiger schamanischer Kulturen heilsam wirken, haben den Geist des europäischen schamanischen Erbes neu belebt und gestärkt. Durch ihr Bemühen kann sich dieser Geist wieder in unsere heutige gesellschaftliche Wirklichkeit einweben – nach und nach.

Der Geist allen Seins, der unermessliche Urgeist weht »frei«. Der Geist des Schamanismus ist ein Anteil an diesem Urgeist, auch er lässt sich nicht in die eigene Macht und das eigene Ansehen fördernde Regeln pressen, niemand kann ihn besitzen und niemand hat ein durch Eintragung in Warenmustergesetze Recht auf ihn.

Er fordert heraus, die bedingungslose Verbundenheit auf der Grundlage von Liebe und Empfindung mit allen Erscheinungen von Sein zu erleben, nicht zu glauben. Was man erlebt, braucht man nicht zu glauben. Man erlebt es.

*»Ich kann alles glauben, vorausgesetzt, es ist unglaublich.«*
Oscar Wilde

Alles, was ist, hat einen Geist – und jeder Geist hat eine Mutter. Dieses Wissen ist im reichen Garten der mit Pflanzen heilsam wirkenden Frauen und Männer in unseren Landen quicklebendig. So ist es allerorts, wo Menschen sich des Geistes, der in allem ist, bewusst sind und dementsprechend wirken.

»Ein Schamane arbeitet mit unterschiedlichen geistigen Energien wie Pflanzen, Tieren, Bäumen und mit dem Geist des *Bruders* (Jaguar, der nicht mit ›Jaguar‹ angesprochen werden darf), dem Geist der Delfine und der Anakonda. Die Anakonda ist die Mutter des Geistes des Wassers. Jeder Geist hat eine Mutter. Auch der Geist der Liane der *Ayahuasca* hat eine Mutter, sie ist wie ein Gott der Pflanzen«, belehrte mich ein alter Schamane am Amazonas.

Nicht nur die spirituelle Welt wird von einer Mutter gehütet, auch unsere alltägliche Welt zeigt noch Spuren einer geistigen Mutter, die über die Menschen wacht – nicht nur in Gestalt der Jesusmutter Maria. Unsere alte Mutter Holle in ihrer Vielgestaltigkeit ist für mich auch eine Erscheinung der »Mutter des Geistes des Schamanismus«. Sie hat weltweit ihre Kinder beflügelt und ihnen so ermöglicht, durch vielerlei Methoden bewusst diese Flügel einzusetzen, um im kreativen Zustand von Klarblick, Weitblick, Einsicht und Erkenntnis heilsam zu wirken, in Einklang mit sich und dem Ganzen zu leben.

Wie das zu »machen« ist, dazu möchte ich in den nächsten Kapiteln Beispiele geben. Meine Absicht ist, anzuregen und zu ermutigen, herausfordernde Lebenssituationen durch schamanische Rituale der Wandlung kreativ und selbstverantwortlich zu meistern und so der Lebensfreude Flügel zu verleihen.

Nach und nach.

# Bereitsein: das Öffnen der Sinne

In der Vorbereitung auf dieses Buch habe ich mich auf die einundzwanzig Schamaninnen und Heilerinnen besonnen, mit denen ich auf meinem Lebensweg in einem Heilritual verbunden war – in Europa, Südamerika, Nordamerika, Nigeria, Nepal. Ich habe Salbei, Sal und Wacholder geräuchert, Dschungeltabak geraucht, Cocatee getrunken, an einer Colanuss geknabbert und mich darüber mit jeder der einundzwanzig schamanisch wirkenden Wissenden bewusst verbunden. Ihr Wirken hat meine Wirklichkeit und mein Werden entscheidend mit gestaltet.

*»Das Werden ist das sich ändernde Sein. Das Wirken ist eigentlich das Grundelement.«*
Hans-Peter Dürr, Physiker, Träger des alternativen Nobelpreises

Ihr Geist ist mit meinem Geist verwoben, schwingt als Ton in meinem Schwingungsfeld-Orchester mit. Aber hat diese Verwobenheit auch bewirkt, dass ich auch Aufmerksamkeit auf das Erwachen und Wachsen der eigenen Wirkkraft gerichtet habe?

Oder haben die schamanischen Behandlungen mich »behandlungsabhängig« gemacht, meine eigene Handlungskraft eingeschläfert? Sich behandeln zu lassen, liegt im Trend, auch bei spirituellen Methoden. Wenn Behandlung nicht in mir bewusst wird und zu eigener Handlung führt, wird sie nicht in mir wurzeln können und nicht in gelebte Wandlung führen.

*Handeln wächst aus dem bewussten Empfangen.*

Vor einiger Zeit forderte mich eine monatelange Stimmbandlähmung heraus, meinen Blick und mein Verhältnis zu meiner eigenen Wirkfähigkeit zu verändern.

Als High-Tech-Medizin, Homöopathie und Heilungsrituale mir in Deutschland nicht in den Zustand von »Stimmigkeit« verhelfen konnten, fuhr ich wieder in mein zweites Zuhause, in ein Dorf im peruanischen Amazonasgebiet. Gleich nach dem üblichen festlichen Empfang im Dorf kam der alte Schamane zu mir, hockte sich schweigend neben mich und rauchte. Ich schwieg auch, aber ohne zu rauchen. Für mich als Nichtraucherin hat schon im Zustand ganzheitlicher Gesundheit der Dschungeltabak tiefgreifende Einwirkungen auf Körper und Geist.

»Ich habe gesehen, bevor du gekommen bist«, begann der Alte seine Worte an mich, »dass jemand deinen Geist blockiert hat, wenn der Geist blockiert ist, ist auch die Stimme blockiert.« Rauchwolken ausstoßend, blickte er in sich versunken an mir vorbei in die Weite.

*»Die meisten Krankheiten haben ihren Ursprung in bestimmten Geisteszuständen.«*
Geshe Topgyal Kangjur Rinpoche

»Diese Krankheit kenne ich gut, das ist bei uns eine Schamanenkrankheit, denn uns Schamanen geht auch manchmal die Stimme für lange Zeit weg. Das ist ein Schadenszauber, das geschieht immer dann, wenn jemand neidisch auf dich ist, der selbst auch viel Kraft hat. Damit kenne ich mich aus. Wünschst du eine Behandlung?« Der alte Schamane saugte schmatzend an seiner verlöschenden Pfeife und blickte mich fragend an.

Da brach es krächzend aus mir heraus: »Ja, hilf mir. Das wünsche ich mir: Lehre mich, was ich selbst tun kann, um wieder gesund zu sein.«

»Das ist einfach.« Der Alte klopfte seine Pfeife aus und erhob sich. »Heute Nacht mache ich ein Ritual für dich. Du bist zu mir gekommen, das ist die erste wichtige Handlung. Nun ist es an der Zeit für dich zu lernen, die richtigen Lieder zu singen, damit du selbst handeln kannst, wenn du dich schwach fühlst, wenn dir Menschen einen Schaden gemacht haben. Aller Schaden, den wir uns selbst oder anderen machen, so wie Neid oder Eifersucht, dieser Schaden entsteht zuerst im Kopf, in deinen Gedanken. Dann geht der Schadensgedanke in den Geist des anderen, so wie bei dir jetzt. Dafür kenne ich die richtigen ikaros, durch sie und mit Hilfe der Geister kann ich den Schaden, den dir jemand in deinem Geist angetan hat, wieder heilen.«

So geschah es. Ich wurde besungen und lernte heilsame, stärkende Lieder zum Schutz für mich selbst und für andere. Ich übernahm bewusst Verantwortung für meinen Zustand und gab der Frage, wer mir den Stimmband-Schaden zugefügt haben könnte, keinen Raum. Dinge geschehen. Aufs Neue, wie schon so oft und wie es bestimmt bis zum Ende meines Lebens sein wird, nahm ich mir vor, noch mehr Achtsamkeit und Aufmerksamkeit darauf zu richten, wie ich das tue, was ich tue im Umgang mit Menschen, Pflanzen, Tieren und Geist. Noch mehr Achtsamkeit auf den Zustand meines eigenen Geistes zu richten.

Mein Geist löste sich aus der Lähmung, mein Stimmband begann wieder zu schwingen. Im Schutz des heilsamen Klanggewebes des alten Schamanen wuchs meine geistige Kraft, wuchs mein Vertrauen in meine eigene Wirkkraft, erfuhr ich mich als bewussten, handelnden Anteil der Wandlungskraft des Lebens.

Vielfältig Heilsames habe ich in Ritualen der Schamaninnen erfahren. Ich habe ebenso vielfältig erlebt, dass die beste Behandlung, die spektakulärste Erfahrung ohne heilsam wandelnde Auswirkung bleibt, wenn sie nicht in das eigene Leben eingebunden wird, im Leben gelebt wird.

 Erfahrung wandelt, wenn sie ein bewusstes Empfangen ist und in das eigene Leben bewusst eingebunden wird.
Dann wird Erfahrung zu Erleben.
Handeln wächst aus bewusstem Empfangen.

Bewusstes Handeln wandelt.
Auch bewusstes Nicht-Handeln ist Handeln.

Die Gedanken und Anregungen in diesem Buch wurzeln in meiner siebenundzwanzigjährigen Erfahrung mit Schamaninnen, meinen Aufenthalten bei indigenen Völkern und der eigenen Ritualarbeit mit schamanischen Methoden. Ich erweise allen Schamaninnen aus den Traditionen, die ich nicht persönlich kennengelernt habe, meinen Respekt, auch wenn sie hier nicht erwähnt werden.

Diejenigen, die bereit sind, eigene Arbeit zu investieren in das Auffinden von Inhalten und Formen schamanischer Rituale, die ihrer eigenen Wirklichkeit entsprechen – für sie sind die folgenden Ritualinspirationen gedacht.

Diese Inspirationen verstehe ich als mögliche Ritualgrundmuster, aus denen heraus sich kreativ eigene Rituale entfalten können. Eine der Herausforderungen bei der Entfaltung eigener Ritualformen lautet: Alles ist immer anders!

Doch eines verändert sich bei aller schamanischen rituellen Wandlungskreativität nicht: die Bedeutung der Vorbereitung auf ein Ritual. Je intensiver und folgenreicher ich die Wirksamkeit schamanischer Rituale erlebt habe, desto klarer wurde mir die Auswirkung einer bewussten Vorbereitung auf das Ritual.

 Bewusste, achtsame Ritualvorbereitung führt in den Zustand des inneren Bereitseins.
Bereitsein zum Empfangen ist die grundlegende Voraussetzung dafür, dass heilsam wirkende Berührung von Geist zu Geist im Ritual stattfinden kann.
Die Ritualausführende ist Empfängerin und aktiv Handelnde zugleich.

Bereitsein im Sinne einer Öffnung für die Wirkung des Rituals beruht nicht auf einer verstandesmäßigen Entscheidung, kann nicht über denken oder eine festgelegte Vorstellung erzwungen werden. Diese bewusste Öffnung erwächst auch nicht aus ange-

strengter Bemühung – weder aus der eigenen noch aus der anderer.
Kreative Wandlung ist ein intelligenter Prozess. Unter Intelligenz verstehe ich nicht den IQ, sondern Intelligenz als eine Qualität von aufmerksamer Wachheit. Eine Wachheit, in der ich das Wissen um Zusammenhänge »hinter« dem Denken wahrnehme und in der Lage bin, dieses Erkennen harmonisch in mein Handeln einzubinden.

*»Intelligenz kommt von ›inte‹ und ›legere‹, was soviel heißt wie ›zwischen den Zeilen lesen‹.*
*Die Intelligenz liest ›zwischen den Zeilen‹ des Denkens, erkennt den gedanklichen Sinn. Intelligenz ist existentiell vom Gehirn abhängig, aber das Gehirn hat nichts mit dem Inhalt der Intelligenz zu tun.*
*Das Gehirn ist nicht der Erzeuger der Intelligenz, aber es dient ihr als Instrument, damit sie wirksam werden kann.*
*Die Intelligenz ist aber die Stille des Gehirns. Daher ist das laute Gehirn nicht intelligent.*
*Die Bedingung für das Erwachen der Intelligenz ist die Untätigkeit des Denkens.«*
David Bohm, Quantenphysiker (1917–1992)

Der geistige Boden, aus dem heraus sich heilsame Wandlung entfaltet, besteht aus innerer Stille, innerer Berührung, Empfindung und bewusster Verbindung mit dem eigenen Geist.
Doch was ist das, mein eigener Geist? Ist er mir »in die Wiege« gelegt, wurde er durch Erziehung und Kultur geprägt?
Mein Erleben von Geist hat mich empfinden lassen: Ja, ich bin mit einem individuellen, einzigartigen Seinsausdruck meines Wesens in diese Welt gekommen, mit meinem Geist. Ich bin ein Geistanteil vom Urgeist des Lebens.

*»Unsere Gottheit, Yotengrit,*
*geflochten aus zwei Wirbelwinden,*
*wohnt in uns, ist sehr nah,*

*trotzdem sehr sehr weit!*
*Die Gottheit gibt uns den Geistkeimling,*
*ausgerissen aus ihrer eigenen Geistmaterie,*
*Gottheit-Keimling, um ihn großzuziehen!«*
Imre Mátá, Yotengrit. Überlieferung aus der Lehre westungarischer Schamanen. Dieser Gott der Überlieferung ist gut, aber nicht vollkommen. Er ist Urgroßmutter/Urgroßvater.

Da mein individueller Geist Anteil an dem allem zugrunde liegenden Urgeist hat, bin ich auch mit allen anderen Anteilen von Geist verbunden.

Woher weiß ich das?

Ich erfahre es in Momenten, in denen ich in einem intensivierten, wachen Bewusstseinszustand diese Verbindung klar wahrnehme. Dieser Zustand ist nur unzulänglich mit Worten zu beschreiben, er ist jenseits des normalen Begreifens. In diesem Zustand bin ich nur noch meine Seelenessenz, losgelöst von Denken und Anbindung an Formen, dann bin ich »wahres Wissen«.

Wenn ich nicht tief in meinem Innersten spüren würde, dass ich ein nicht zu benennender Anteil an diesem Urgeist des Lebens bin, würde ich mich völlig isoliert von allem Existierendem empfinden, verloren im Dunkel des Universums.

Es gibt Momente, in denen ich diese Verbindung zu allem nicht mehr spüre. Werde ich mir dieser meinen Einklang verwirrenden Störung bewusst, suche ich nach mir entsprechenden Wegen, wieder Zugang zu der Empfindung des Einklangs mit mir selbst zu finden. Empfindung ist für mich ein Zustand sehr feiner, wacher Wahrnehmung auf der Schwingungsebene und unterscheidet sich von Fühlen.

Fühlen bezeichnet für mich die körperliche Wahrnehmung.

Empfinde ich mich, bin ich mir auch der Verbundenheit mit der »Mutter des Geistes allen Lebens«, dem Urgeist, bewusst.

*»Vor ein paar Jahren gewann ich den Eindruck (…), dass Geist immer schon vorhanden war, und dass dieses Universum*

*überhaupt nur deshalb Leben hervorgebracht hat, weil der immer und überall vorhandene Geist es dazu anleitete.«*

George Wald, Biologe, Nobelpreisträger

Diesen Urgeist des Lebens, dieses »Alles« habe ich als die Grundschwingung von Liebe erfahren.

Liebe als eine Grundschwingung allen Lebens – das hört sich mehr nach Schriftreligionen als nach Schamanismus an. Als es noch keinen Schamanismus-Begriff gab und die Menschen sich in ihrem äußeren und geistigen Leben auf die Natur und ihre Erscheinungen bezogen, den besonders mächtigen Kräften der Natur Götterfunktionen zuordneten, da wurde in Versen und Liedern das Wissen um die Erschaffung der Welt und die innere Ordnung der Welt weitergegeben: in der *Rig Veda*, in Indien vor zirka 5500 Jahren. Dort heißt es in einem der Verse, die von der Entstehung der Welt berichten:

*»Von Öde zugedeckt das leere Eine:*
*Durch innrer Gluten Kraft ward es geboren.*
*Daraus erhob zuvörderst sich die Liebe,*
*sie, die des Geistes erste Samenkraft war.«*

Die Liebe – kein heiliger Geist, sondern ein heilender Geist.

Schamanische Rituale können in das unmittelbare, heilsame Erleben dieser Verbundenheit mit dem heilenden Geist führen.

## Einstimmung

Ich, diese so schwer zu beschreibende Mischung aus Geist und Selbst, kann während eines schamanischen Rituals im Zustand erhöhten Wachbewusstseins der Erscheinungs- und Informationsvielfalt von Geist begegnen. Geist zeigt sich in schamanischen Traditionen zumeist in Gestalt eines Geistes. Je nach Kultur zeigen sich Geister in Formen, die den spirituellen Zusammenhängen und Vorstellungen der Kultur entsprechen.

*»Die Geister müssen aber nicht unbedingt sichtbar werden, um uns etwas mitteilen zu können. Die Seele des Rufenden muss bereit sein, die Botschaften zu empfangen.«*
Imre Mátá, Yotengrit

Geister sieht man mit den inneren Augen, den Augen der Seele, auch wenn man sie wirklich und sogar mit offenen Augen sieht. Das ist mir im peruanischen Dschungel geschehen, in einem Heilritual, ohne dass ich bewusstseinsverändernde Pflanzen eingenommen habe. Ich ging konzentriert mit den Gesängen des Schamanen mit, der für eine Patientin sang. Und plötzlich wuchsen vor mir, in der stockdunklen Hütte, Gestalten aus der Erde heraus. Sie sahen aus wie Menschen, aber ich wusste, dass es keine Menschen waren. Sie öffneten ihre Münder als ob sie sprechen würden, aber sie sprachen nicht, sie waren nur Hüllen von »etwas«. Ich sah sie mit geöffneten Augen, ich war wach und nüchtern, in jeder Beziehung. Es waren die Geister, die der Patientin den Krankheitsschaden gemacht haben, erklärte mir später der Schamane. Er hatte sie in seiner Trance auch gesehen. Ich finde es nicht erstrebenswert, sondern sehr herausfordernd, Geister so materiell erscheinen zu sehen. Da höre ich ihn doch lieber, diesen »Geist von etwas«, denn das Hören verunsichert mich nicht so wie das Sehen.

Geister wahrzunehmen ist daher aus gutem Grund eine der wichtigsten Fähigkeiten schamanisch wirkender Menschen. Ob sich der Geist als Menschen-, Ahnen-, Tier-, Pflanzen-, Wasser-, Wind- oder Feuergeist zeigt, ist abhängig vom kulturellen Hintergrund der Schamanin und von der Art des Rituals.

Um im Ritual aus der Begegnung mit Geist und Geistern heilsames Wirken für sich oder andere entstehen zu lassen, ist es unbedingt erforderlich, dass die Ritualausführende ganz bei sich ist, zentriert und stimmig mit sich im Augenblick des rituellen Wirkens. Sie sollte in der Vorbereitung auf das Ritual den Zustand der bewussten Empfindung der Stimmigkeit mit sich selbst erreichen.

Nur dann ist die Einstimmung auf andere Stimmen möglich, ganz gleich, aus welcher Wirklichkeit sie entspringen, aus Menschen- oder Geisterwelt.

Ob die im Ritual wirkenden Kräfte sichtbar oder nicht sichtbar sind, hörbar oder nicht hörbar, zu beschreiben oder nicht in Worte zu fassen sind: Wenn ich ihren Klang, ihre Schwingung erkennen will, muss ich sie von meiner Schwingung unterscheiden können. Erst, wenn ich »das Lied der Pflanze« als deren Klang erkenne und von meinem eigenen Klang unterscheide, kann ich mit in ihr Lied einstimmen. Das »Lied der Pflanze«, das »Lied eines Geistes« trägt in sich die Information über die spezielle Wirkungsweise der Pflanze, des Tieres oder einer anderen Erscheinung von Geist.

Wenn ich in meiner Stimmigkeit bin, in Übereinstimmung mit meiner Wesenskraft, kann ich erkennen, »wessen Geistes Kind« das ist, was ich wahrnehme.

Wie kann ich trainieren, die eigene Stimmigkeit wahrzunehmen?

Der Ausgangspunkt hierfür ist die Empfindung des eigenen Körpers. Diese Empfindung geschieht auf einer anderen Wahrnehmungsebene als das körperliche Spüren von Schmerzen, Erschöpfung, Traurigkeit, Hochgefühl, Sex oder Verliebtsein.

Bewusst in Kontakt mit dem Körper zu sein, ist der erste Schritt, um mit sich in Kontakt zu sein. Der Körper ist eine Manifestation der Seele auf materieller Ebene. Letztendlich besteht auch der Körper aus schwingenden Wellen, die Gestalt angenommen haben.

Sich der eigenen Körperenergien bewusst zu sein und sie zu stärken, ist eine der Voraussetzungen für heilsames Wirken im Schamanismus. Sie sollte erfüllt sein, bevor Wirklichkeiten so verändert oder erschaffen werden, dass aus der bewussten Einstimmigkeit mit den anderen Manifestationen des Urgeistes heraus sich dieses Wirken entfalten kann.

Die Rückzüge und Diäten im klassischen Lernweg der Schamaninnen dienen unter anderem diesem Training.

Nur wer gelernt hat, in sich fest verwurzelt zu sein, kann ohne Gefahr für Geist, Leib und Seele willentlich den berühmten »schamanischen Flug« antreten, einen Flug der Erkenntnis.

Das Schlüsselwort zu diesem Lernen heißt Empfindung.

Ich kann zwar denken, im Körper verankert zu sein, doch wenn ich diese Verankerung nicht empfinde, werde ich keinen Kontakt zu dem Wesen bekommen, das ich bin: ein unverwechselbarer, einmaliger, wirkungsreicher sich bewegender Ton in der großen kosmischen Weltensinfonie.

Diese meine unverwechselbare Seinsschwingung bezieht alles mit ein, was ich bin: Körper, Seele und Geist – und vielleicht ist da noch etwas, von dem ich nichts weiß …

Wir sind verkörperte Wesen,
wir sind verkörperte Seele,
wir sind verkörperter Geist.

## Bewusste Wahrnehmung: Sinnesorgane sind Resonanzorgane

Ein kleiner Beipackzettel für eine andere Sicht auf drei unserer Sinnesorgane, um wirkungsvoller mit unserer körpereigenen Ausrüstung für bewusste Wahrnehmung umgehen zu können. Bei bewusster Wahrnehmung geht es um die *Nachinnenwendung* der Sinnesorgane. Jedes Sinnesorgan hat eine spürbare Auswirkung auf ein anderes – versuche durch Erfahrung herauszufinden, welche Wechselwirkungen mit welchen Auswirkungen unter den Resonanzorganen entstehen können.

**Augen:** Sie sind eines unserer größten Resonanzorgane, wenn wir sie nicht darauf reduzieren, zu glotzen. Die Augen sind Empfänger der Schwingung von »etwas«, in der Flüssigkeit hinter den Augen »schwingt es«.

*Augen-Hinweis zur Veränderung der Wahrnehmung*
Mit geöffneten Augen den Blick unscharf werden lassen und dabei die Augäpfel in den Kopf »hineinrutschen« lassen. Auf diese Weise sehen die Augen nach innen – obwohl sie mit weichem Blick geöffnet sind.

Wenn du singst, tönst: Richte deine Aufmerksamkeit auch auf deine nach innen sehenden Augen und beobachte dabei die Veränderung deines Klangs.

**Ohren:** Unsere Tendenz beim Hören ist, immer nach außen zu hören, die Hörtentakel auszudehnen. Doch das wahrnehmende Hören lässt die Tentakel nach innen ausdehnen. Dieses Hören ist ein empfangendes Lauschen und lässt mich erfahren, wie mein Körper mit dem empfangenen Klang in Resonanz geht. Bewusstes Empfangen beim Hören verändert die Aufnahme des Gehörten.

*Ohren-Hinweis zur Veränderung der Wahrnehmung*
Wenn du bewusst in den Zustand des Empfangens über die Ohren gehen willst, nimm deine Außenohren wahr und stülpe sie bewusst nach innen um.

**Zunge:** Die Zunge ist mehr als nur eine Trägerin von Geschmacksknospen, auch sie ist ein sensorisch reich ausgestatteter Schwingungsempfänger.

*Zungen-Hinweis zur Veränderung der Wahrnehmung*
Beobachte, wo und wie liegt deine Zunge im Mund, wenn du dich ruhig fühlst, wenn du konzentriert oder aufgeregt bist?
   Führst du eine Wahrnehmungsübung aus, lege deine Zunge nicht mechanisch so oder so hin – beobachte, wie sie selbst sich hinlegt.

## Empfindung und Stimmigkeit – Anregungen zur Wahrnehmung

Suche dir für die Übungen möglichst draußen einen ruhigen Platz, an dem du gerne bist und der einfach für dich erreichbar ist, so dass du ihn möglichst häufig aufsuchen kannst. Garten, Park, Flussufer, Wiese oder Hecke am Haus ...

Sei dir bewusst: Alles, was du suchst, ist in dir, nicht außer dir.

*»Geh in dich selbst!*
*Entbehrst du drin Unendlichkeit in Geist und Sinn,*
*so ist dir nicht zu helfen.«*
Johann W. von Goethe

Auch ein Balkon, ein Hinterhof in der Stadt, ein Park oder ein geöffnetes Fenster in deinem Zimmer sind Orte der Kraft, wenn du in deiner Kraft bist.

*Wichtig für alle Übungen und Rituale*
Wirksame Übungen und wirksame Rituale erfordern Training und Disziplin.
 Aber: Achte auf deine Grenzen!
 Fordere dich heraus, strenge dich an – aber bemühe dich nicht!
 Achte auf den Moment, an dem sich Anstrengung in Leichtigkeit wandelt.
 Nur was leicht in dir aus dir fließt, kann heilsam wirken.
 Lass alles weg, von dem du empfindest, dass es nicht stimmig für dich ist.
 *Alle Übungen und Rituale können auch mit einer Gruppe ausgeführt werden.*

### Grundübung für die Vorbereitung auf alle folgenden Wahrnehmungsübungen

Stelle dich aufrecht und möglichst barfuß so hin, dass du einen festen, aber keinen starren Stand hast, mit weich gebeugten Knien.
Wenn sich während der Übung aus dem Körper heraus eine Bewegung entwickelt, lass sie zu, ohne sie willentlich zu forcieren oder zu lenken (für Übungen im Sitzen gilt die gleiche nun folgende Vorbereitung).
– Reibe deine Hände aneinander und massiere sanft dein Gesicht, beachte dabei auch die Nase.

– Nun fahre mit den Fingerspitzen mehrmals kräftig von der Stirn aus zum Hinterkopf, seitlich des Mittelscheitels.
– Reibe erneut deine Hände, knete deine Ohren gut durch.
– Reibe deine Hände, sanft kreisend reibe deine Brust.
– Reibe deine Hände, sanft kreisend reibe deinen Bauch.
– Die Arme hängen entspannt neben dem Körper, die Handflächen sind geöffnet und weisen mit der Handfläche nach vorn. Die Schultern sind entspannt.
– Der Blick deiner Augen ist weich, entspannt, fixiert nichts, hält an nichts fest (»Schlafzimmerblick«).
Augen sind atmosphärische Detektoren.

 **Empfindung der Verwurzelung**
Diese Übung hat mit »Erde« zu tun. Deshalb zu Beginn der Übung eine Notiz aus der Wissenschaftswelt: In einer Handvoll Humusboden existieren mehr Lebewesen als Menschen auf der Erde. Und noch eine Notiz aus dem Pflanzenwissen der Kräuterfrau Johanna: Junge Triebe der Beifußwurzel zu knabbern unterstützt wirksam, in sich selbst verwurzelt zu sein, in der eigenen inneren Tiefe zu sein.

– Richte die Aufmerksamkeit auf deinen Atem. Atme ohne besondere Anstrengung mehrmals ein und aus, achte auf die Pausen zwischen dem Ein- und Ausatmen.
– Wenn du den richtigen Rhythmus für deinen Atem gefunden hast, nimm wahr, wie sich die eingeatmete Luft in deinem Körper verteilt.
– Atme bewusst bis in Fußzehen, Fingerspitzen und Kopfhaut ein.
– Entspanne dich beim Ausatmen. Sei dir bewusst, dass du nicht nur verbrauchte Luft, sondern auch verbrauchte Energie aus dir herausströmen lässt.
– Folge mit Ruhe und Aufmerksamkeit dem Weg deines Atems beim Ein- und Ausatmen.
– Richte deine innere Aufmerksamkeit auf deine Füße. Schicke deinen Atem beim Ausatmen durch die Füße in die Erde.

– Ziehe beim Einatmen den Atem aus der Erde unter deinen Füßen hoch.
– Atme bewusst einige Zeit aus der Erde heraus und in die Erde hinein.
– Spüre, wie die Fäden deines Atemflusses unter deinen Füßen feine Wurzeln in der Erde bilden.
– Mit jedem Ausatmen wachsen die Wurzeln aus deinen Fußsohlen heraus tiefer in die Erde hinein.
– Spüre deinen fest verwurzelten Stand.
– Wenn du deine Verwurzelung in der Erde empfindest, hebe deine Arme seitlich vom Körper auf Brusthöhe hoch. Die offenen Handflächen zeigen nach oben.
– Richte deine Aufmerksamkeit auf die offenen Handflächen, spüre sie.
– Deine Handflächen sind nun dein Atemorgan. Atme durch sie ein und schicke beim Ausatmen deinen Atem nach innen. Lass ihn durch die Arme, Beine und Füße in die Wurzeln unter deinen Füßen fließen.
– Atme so einige Zeit in ruhigem Rhythmus, ohne Anstrengung und sei dir bewusst:
*Wo immer du auf dieser Erde auch bist – du bist »zu Hause«, verwurzelt in dir und verwurzelt im Lebensfeld der Erde.*
– Beende die Übung: Bedanke dich bei der Erde unter dir mit einigen stampfenden Tanzschritten und einem Wurzel-Klang-Dank. Wie sich der anhört? Finde es heraus!
Suche diesen Ort so oft wie möglich auf. Nimm wahr:
– Wie empfindest du dich bei Ausführung der gleichen Übung bei unterschiedlichem Wetter?
– Zu unterschiedlichen Tageszeiten?
– Bei starker Alltagsbelastung?
– Wenn es dir rundum gut geht?

Noch eine sehnsüchtige Bemerkung zum »Blick«: Bei den Quiché in Mittelamerika erzählt eine Mythe von der Entstehung der Menschen, dass diese nach ihrer Erschaffung noch den Blick des sie erschaffenden Schöpfers hatten. Dieser Blick reichte so weit, dass sie in einem Augenblick alles sahen und die ganze Welt bis auf den Grund erkannten. Wenn sie aufblickten, sahen sie mit Leichtigkeit alles im ganzen Umkreis, im Inneren des Himmels sowohl wie im Inneren der Erde. Ihr Blick drang überall hin.

Dass dem Schöpfer diese Fähigkeit der Menschen, über die sonst nur er verfügte, nach einer Weile nicht mehr gefiel und er um seine Vormachtstellung fürchtete, ist aus Göttersicht verständlich. Aber dass er dann machte, dass sich der Blick der Menschenaugen trübte und sie nur noch sehen konnten, was nah war, das betrübt wiederum mich.

Und das nicht nur, weil mir dann viele Wahrnehmungsübungen und Brillen erspart geblieben wären ...

Doch die Neugier, der Wissensdrang und die Sehnsucht zum Erschauen und Erkennen von Wirklichkeiten haben Menschen von Beginn ihres Menschseins an Wege finden lassen, den Schöpfergott der Quiché zu überlisten. Diejenigen, die heute Sinn und Erkenntnis finden im Geist schamanischer Weltsicht, im Wissen um den lebendigen Geist der Natur, diejenigen kennen Wege, den trüben Blick wieder klar und weit werden zu lassen.

In sich selbst verwurzelt und zentriert zu sein, ist eine der wichtigsten Voraussetzungen, Klarblick, Scharfblick und Weitblick als Werkzeuge der Erkenntnis zu erlangen – unabhängig von unseren biologischen Augen.

Tilman Schlosser vertraut sich über die folgende Übung der Heilkraft der Mutter Erde an, wenn er die Verwurzelung in sich selbst nicht mehr spürt, wenn er nicht mehr in sich zentriert ist und ihm sein Geist davonflattert.

### Die Erde wurzelt in mir

Ich suche mir einen Flecken Erde, an dem ich mich wohl fühle – am liebsten ist mir die frisch aufgeworfene Erde eines Ackers oder eine ungedüngte Wiese. Dort lege ich mich auf den Rücken und schließe die Augen.

– Ich konzentriere mich mit ruhigem Atemfluss darauf zu spüren, wie mein Körper mehr und mehr in die Erde sinkt, wie er zu einem Anteil der Erde wird.

– Nach einer Weile richte ich meine Aufmerksamkeit darauf zu empfinden, wie aus meinem Körper heraus feine Wurzelhaare in die Erde wachsen.

– Jedes der Härchen auf meiner Haut wird zu einer Wurzel, die stärker und stärker wird, sich mit den anderen Wurzeln in der Erde zu einem undurchdringlichen, festen Wurzelgeflecht verwebt.

– Ich atme in meine Wurzeln hinein und aus meinen Wurzeln heraus.

– Ich denke nicht mehr, ich empfinde meine Verwurzelung mit allen Sinnen.

– Bin ich in diesem Zustand, dann höre ich nicht nur das »Gras wachsen«, sondern ich höre meinen Wurzeln beim Wachsen zu – ich höre mir zu.

Und wenn mir bei meiner Verwurzelung die Erdgeister etwas Erde in meine Ohren oder den Mund stecken – umso besser!

– Wenn ich spüre, dass es gut ist, dass die bewusste Verwurzelung mich wieder in die Empfindung meiner inneren Stärke, Klarheit und Zentrierung gebracht hat – dann imaginiere ich, wie sich alle Wurzeln, die aus mir herausgewachsen sind, sich wieder in mich zurückziehen. Die Erde wurzelt in mir.

– Ich stehe auf und danke der Erde mit einigen stampfenden Schritten oder auch mit einigen Tropfen Kräuterschnaps, einigen Krumen Brot oder Kräuter. Wichtig dabei ist mir, meinen Geist und meinen bewussten Dank an die bedingungslose, heilsame Kraft der Mutter Erde in die Gaben zu geben.

Übermittelt von Tilman Schlosser.

### Empfindung der Verbundenheit

Zum Erkennen von Wirkungszusammenhängen zwischen materiellen und spirituellen Welten, zwischen nicht sichtbaren und sichtbaren Welten gehört im Schamanismus das kosmische Prinzip der Entsprechungen, der Analogien: *Wie oben, so unten.* Aus dem Wissen um dieses Prinzip heraus hat der Alchimist Paracelsus im Mikrokosmos des einzelnen Menschen das Abbild des Makrokosmos, also des gesamten Kosmos, gesehen.

Im Außen ist nichts, was nicht auch in unserem Innen eine Entsprechung hat. Deshalb stand über dem Tempel zu Delphi: »Erkenne dich selbst, damit du Gott erkennst.«

Entsprechungen erzählen vom Prinzip der Einheit, dem Einssein.

Alles ist immer da.

Es ist schwer und erscheint manchmal fast unmöglich, dieses »Alles ist immer da« in Situationen innerer oder äußerer Not zu empfinden und Vertrauen und Hoffnung auf Wandel aus diesem kosmischen Gesetz der Einheit zu schöpfen.

Der eben zitierte Herr Paracelsus war mir lange Zeit eine provozierende Herausforderung mit seiner Behauptung, dass alle Muster des Himmels und der Erde auch im Menschen zu finden seien.

Muster? Muster war für mich etwas Starres, Begrenztes. Habe ich etwa von Geburt an ein festgelegtes Lebensmuster? Ein festgelegtes Seinsmuster? Bin ich dann nicht mehr als nur die Ausführende eines festgelegten göttlichen oder ungöttlichen Lebensplans?

Doch dann sah ich sie, diese kosmischen Muster, und schloss meinen Frieden mit Paracelsus. Im Mai 1996 in einem nächtlichen Ritual am Rio Negro bei Manaus sah ich mit Hilfe der die Wahrnehmung verändernden Liane der Seele, der *Ayahuasca*: Mein innerer »Himmel« und auch der äußere Nachthimmel waren überzogen mit geometrischen Mustern, die sich bewegten, ineinander- und auseinanderflossen, in Farbkaskaden explodierten, vielfarbig brillant leuchteten und sogar klangen.

Einige Jahre später begegneten mir diese intensiven Muster beim Volk der Shipibo in Peru wieder – in ihrer geometrischen Musterkunst, die vom Wissen dieses Volkes erzählt, vom Wissen um die Grundstrukturen allen Lebens. An diesem Wissen, sichtbar wiedergegeben auf Keramiken und Stoffen, hat Paracelsus in seinem Alchimistenhimmel sicher große Freude: Die Muster der Shipibo kommen von den Geistern, aus der geistigen Welt.

Sie haben Zuordnungen und Geschichten, erzählen lesbar wie ein Buch von den Lebenszusammenhängen der Menschen und von den Verbindungen zwischen der geistigen Welt und der Welt der Menschen.

Diese Muster sind lebendig! Ich habe sie erfahren, habe sie gesehen, gehört – sie haben Ausdruck in meinen Bildern gefunden. Ich lebe sie, so gut ich kann – mehr und mehr.

Ich habe gelernt, nach und nach, sie als einen Anteil von mir wahrzunehmen. Vor allem habe ich lernen können, mich als ein Muster innerhalb dieser kosmischen Muster zu empfinden. Dieses Erleben hat mein Leben gewandelt. Verdunkelt sich heute manchmal mein privater Lebenshimmel, verliere ich den Zugang zu meinem Seinsmuster als Anteil am kosmischen Muster, dann bleibe ich nicht mehr so lange und so tief in dieser Lebensdunkelheit hocken wie vormals. Heute weiß ich mir zu helfen: Ich handle. Ich stehe innerlich und äußerlich auf, versetze mich durch dieses Aufstehen in den Zustand bewusster Aufmerksamkeit, erfahre erneut über meinen Körper in Empfindungs-Übungen den Zustand des Nicht-Getrenntseins. Wie verloren, verzweifelt und hoffnungslos ich mich auch fühlen mag – in diesen Zuständen ist doch »nur« der Zugang und das Bewusstsein um mein Einssein verschüttet oder verschleiert.

Auch wenn ich im Innersten weiß, dass diese unheilsamen Zustände nur Energie binden und fast immer zu tun haben mit meiner Verhaftung, Vorstellung, Identifikation an oder mit etwas – es ist nicht leicht, aus solchen Zuständen heraus wieder in der Empfindung zu sein: Was auch immer mir geschieht, ich bin in der friedvollen Tiefe meines Seins, bin ein »Anteil von allem und eins«.

Wahrnehmungsübungen in der Natur haben mir geholfen, den Zugang zu dieser friedvollen Tiefe meines Seins über meine Empfindungskraft zu wecken, zu stärken und zu verfeinern. Die wachsende Empfindungskraft hat auch meine Wirkkraft wachsen lassen und mir so immer wieder neue Wege gezeigt, meine Wirklichkeit bewusst zu erwirken.

Immer wieder waren es auf meinem Lebensweg in schamanischen Welten die scheinbar einfachen und kleinen Dinge, die große Wirkkraft entfaltet haben, wenn ich sie mit Aufmerksamkeit bedachte. Und immer hatten sie zu tun mit der bewussten, veränderten Wahrnehmung von »etwas«: Die rituelle Handbewegung in einem Heilungsritual, ein Vogel, der auf mein Singen reagiert, der Geruch von Salbei, das hörbare Ausstoßen des Atems des Schamanen während eines Rituals, die plötzliche Bewegung des Windes während eines Rituals – und immer wieder die Begegnung mit einem Baum, der mich zu kennen schien.

> *»Manche Leute meinen, nur Menschen könnten Gefühle wie Stolz, Angst, Freude empfinden, aber die Wissenden sagen uns, alles sei lebendig. Vielleicht nicht auf die gleiche Art lebendig wie wir es sind, alles ist auf seine eigene Art lebendig, denn wir sind nicht alle gleich. Die Bäume unterscheiden sich von uns in punkto Aussehen, Lebensdauer, Zeit und Wissen, dennoch sind sie lebendig. Und alle haben Gefühle.«*
> Wissen der Frauen des Volks der Nootka, Vancouver Island

Die Empfindung einer Qualität, die Empfindung des Geistes von »etwas« entspringt aus Aufmerksamkeit und bewusster Wahrnehmung. Wahrnehmendes Schauen mit allen Sinnen lässt in der Begegnung mit einem Samenkorn das Erkennen der Welt erwachen.

Ich kann mich dafür entscheiden, ob und wie ich meine Sinne entwickle und einsetze. Die bewusste Erfahrung meiner Sinneskraft öffnet den Zugang zu den Erkenntnisräumen jenseits meiner Sinne.

Mut, Ausdauer, Risikobereitschaft, Bereitschaft für Wandel, Vertrauen, Neugier und an keine Bedingungen geknüpfte Liebe sind eine gute Ausrüstung für diesen Weg.

Dieser lebensbewegende Weg fängt in mir und vor meiner Haustüre an. Bäume sind weise Erkenntnis-Lehrerinnen. Die Empfindungs-Begegnung mit einem Baum kann ein stärkender Schritt auf dem schamanischen Weg des Trainings von bewusster Wahrnehmung sein.

### Ich bin Baum

Suche einen mit Bäumen belebten Ort auf: eine Obstwiese, eine Waldlichtung, einen Garten. Für diese Übung ist es erforderlich, größeren Abstand zum Baum zu haben, nicht direkt davor zu stehen.

Achte sorgsam darauf, welche Art von Baum dich zurzeit anzieht, welche Baumqualität du heute brauchst. Damit meine ich nicht die biologischen Klassifizierungen des Baumes, sondern seine energetische Ausstrahlung. Brauchst du heute einen hellen oder dunklen Baum, mit einer leichten oder schweren Baumkrone, einem glatten oder zerfurchten Stamm, tiefen oder flachen Wurzeln.

Führe die allgemeine Vorbereitung aus.

– Schaue mit weichem, wie mit einem Schimmer überzogenem Blick und aufrechter Kopfhaltung nach vorn.

– Atme ruhig und nimm wahr, was in deinem Blickfeld ist. Denke nicht nach über das, was du wahrnimmst, benenne nichts, halte an nichts deinen Blick fest.

– Atme und schaue. Nimm mit jedem Atemzug das Geschaute in dich auf. Hab Geduld, lass dir Zeit.

– Nun richte deine Aufmerksamkeit auf dein Herz. Atme dreimal ruhig in dein Herz ein, über den Mund aus.

– Atme in dieser Weise weiter und imaginiere ein helles Band, das sich bei jedem Ausatmen aus deinem Mund entrollt.

– Dieses helle Atemband umschlingt beim Ausatmen den Stamm eines der Bäume in deinem Blickfeld, nimmt dabei den Atem des Baumes auf und fließt so angefüllt mit Baum-Atem beim Einatmen wieder zurück in dein Herz.

– Lass das Atemband zwischen dir und dem Baum bewusst hin- und herfließen, bis du die Verbindung zwischen euch empfindest. Du gibst deinen Atem an den Baum ab und atmest seinen Atem in dein Herz ein.

– Nun lass beim Einatmen das vom Baum zu dir strömende Atemband nicht nur in dein Herz, sondern in deinen ganzen Körper fließen.

– Bleibe so lange in dieser Wechselatmung, bis du fühlst, dass dein Körper bis in jede Zelle hinein angefüllt ist mit dem Atemfluss des Baumes.
– Verändere nun deinen inneren Blick, folge beim Aus- und Einatmen dem Atemband zum Baum und bleibe mit deiner Wahrnehmung im Baum.
– Atme nun gleichmäßig über die Nase ein, über den Mund aus und konzentriere dich dabei auf deine Körperempfindung.
– Spüre, wie du mit jedem Atemzug zum Baum wirst: Spüre deine Wurzeln, spüre deinen Stamm, spüre die Äste und Blätter deiner Baumkrone. Werde mit jedem Atemzug der Baum.
– Wenn du dich als Baum empfindest, wechsle die Sichtweise: Schaue aus der Perspektive des Baumes auf deinen Menschenkörper, der dem Baum gegenüber steht.
– Empfinde mehrere Atemzüge lang: Der Baum nimmt dich wahr.
– Empfinde, wie du zugleich ein Anteil vom Baum und vom Menschen bist.
– Beende die Übung mit drei tiefen Atemzügen.
Kehre mit der Aufmerksamkeit zurück vom Baumsein zum Menschsein.
Reibe deine Hände aneinander und massiere dein Gesicht, dann fahre mit den Fingerspitzen mehrmals kräftig von der Stirn aus zum Hinterkopf.

Es wirkt sich tiefgreifend auf die zunehmende Feinheit von Empfindung und Wahrnehmung aus, bei allen Übung zu beachten:

Ich bin nicht nur Wahr-Nehmerin – ich bin auch Wahr-Geberin. Ich gebe eine Wirklichkeit wieder, die von anderen wahrgenommen wird. Ich kann bewirken, dass etwas in jemand anderem wirken kann.

Weiß ich, ob es Auswirkungen auf das Schwingungsfeld eines Baumes hat, wenn ich ihm wiederholt bewusst begegne? Nein, ich weiß es nicht. Aber ich habe erfahren, dass sich in meiner Empfindung für mich selbst etwas verändert hat nach diesen Begegnungen mit »meinem« Baum.

Dass ich ihn nun anders sehe, kann es nicht auch daran liegen, dass er sich durch die Begegnung mit mir, durch die Aufnahme meiner Schwingungen, verändert hat?

*»In Wäldern und Gärten nehmen wir die Atmosphäre der Bäume wahr. Auch sie reden von der Vergangenheit und sagen uns, welche Eindrücke sie von den Menschen empfangen haben. Es ist ein besonders im Orient weitverbreiteter Aberglaube, dass in gewissen Bäumen Geister hausen. Das Phänomen lässt sich einfach so erklären, dass ein Mensch, der in unmittelbarer Nähe eines Baumes gelebt oder darunter Obdach gefunden hat und dort einen gewissen Gedanken, ein gewisses Gefühl, bewusst oder unbewusst Schwingungen hervorgebracht hat, die dieser Baum in sich aufgenommen hat und die er nun zum Ausdruck bringt. Ein Baum vermag die auf ihn übertragene Schwingung klarer auszudrücken als ein Felsen.«*
Hazrat Inayat Khan

Ich habe aufgehört, Geist und Empfindung beweisen zu wollen. Das kann ich nicht. Ich kann nur immer wieder anregen, es selbst zu erfahren.

*»Erde, ich bin*
*Luft, ich bin*
*Feuer und Wasser und Geist*
*Ich bin.«*
Arunga Heiden

Eine weitere Möglichkeit, die Empfindung für meinen Geist und den Geist der mich umgebenden Kräfte über Körperwahrnehmung zu trainieren, bietet folgende Übung.

### Ich bin die Welt
Führe die allgemeine Grundübung aus.
Die folgende Übung umfasst sieben unterschiedliche Körperhaltungen.

Bevor du die erste Position einnimmst, führe folgende Atmung aus:
– Einmal durch die Nase einatmen,
– in drei Atemstößen langsam und hörbar durch den Mund ausatmen.
– In dieser Weise viermal aus- und einatmen,
– dann ein fünftes Mal einatmen,
– und nach dem Einatmen den Atem möglichst lange anhalten, bevor er wieder in drei Stößen ausgeatmet wird.

*1. Position – die Erde*
– Arme und geöffnete Hände weisen neben dem Körper ausgestreckt nach unten zur Erde.
– Mit dem Einatmen nimmst du über Hände und Füße die Kraft der Erde unter dir auf.
– Beim Ausatmen folge mit deiner Aufmerksamkeit dem Weg des Atems über die Hände und Füße zurück in die Erde.
– Atme so einige Male die Kraft der Erde bewusst ein und aus.
– Dann spüre mit einigen ruhigen Atemzügen der alles Leben nährenden Kraft der Erde in dir nach.
– Wo im Körper empfindest du die nährende Erdkraft am intensivsten?

*2. Position – der Himmel*
– Arme und geöffnete Hände werden neben dem Kopf nach oben gestreckt.
– Beim Einatmen nimmst du die Weite des Himmels über dir auf.
– Beim Ausatmen folge mit deiner Aufmerksamkeit dem Weg des Atems hoch in den Himmel über dir.
– Atme so einige Male die Weite des Himmels über dir bewusst ein und aus.
– Dann spüre mit einigen ruhigen Atemzügen der Weite des Himmels in dir nach.
– Wo im Körper empfindest du die Himmelsweite am intensivsten?

*3. Position – der Osten*
– Wende dich dem Osten zu.
– Arme und geöffnete Hände werden gerade nach vorne ausgestreckt, weisen in den Osten.
– Beim Einatmen nimmst du bewusst die erneuernde Morgenkraft des Ostens in dich auf.
– Beim Ausatmen folge mit deiner Aufmerksamkeit dem Weg des Atems über die ausgestreckten Arme zurück in den Osten.
– Atme so einige Male die Morgenqualität des neuen Tages bewusst ein und aus.
– Spüre mit einigen ruhigen Atemzügen der Energie der Erneuerung in dir nach.
– Wo im Körper empfindest du diese Erneuerungsenergie am intensivsten?

*4. Position – der Norden*
– Wende dich dem Norden zu.
– Arme und geöffnete Hände werden gerade nach vorne ausgestreckt, weisen in den Norden.
– Mit dem Einatmen nimmst du bewusst die Kraft des Nordens in dich auf, die Weisheit und Liebe der Tiere, Bäume und Pflanzen.
– Beim Ausatmen folge mit deiner Aufmerksamkeit dem Weg des Atems in die Pflanzen, Bäume und Tiere um dich herum.
– Atme so einige Male diese Kraft des Nordens bewusst ein und aus.
– Spüre mit einigen ruhigen Atemzügen der Kraft von Liebe und Weisheit der Pflanzen, Bäume und Tiere in dir nach.
– Wo im Körper empfindest du diese Qualitäten am intensivsten?

*5. Position – der Westen*
– Wende dich dem Westen zu.
– Arme und geöffnete Hände werden gerade nach vorne ausgestreckt, weisen in den Westen.
– Mit dem Einatmen nimmst du die Abendkraft des Westens in dich auf – die Kraft der Erkenntnis und des Verstehens.

– Beim Ausatmen folge mit deiner Aufmerksamkeit dem Weg des Atems über die ausgestreckten Arme, und sei dir bewusst, dass du dich beim Ausatmen entleerst von allen Gedanken und Vorstellungen und dich öffnest für neues Erkennen und Verstehen.
– Atme so einige Male diese Kraft des Westens bewusst ein und aus.
– Spüre mit einigen ruhigen Atemzügen der stärkenden Kraft des Verstehens in dir nach.
– Wo im Körper empfindest du diese stärkende Abendkraft am intensivsten?

*6. Position – der Süden*
– Wende dich dem Süden zu.
– Arme und geöffnete Hände werden gerade nach vorne ausgestreckt, weisen in den Süden.
– Mit dem Einatmen nimmst du bewusst die Kraft des Südens in dich auf und füllst mit ihr dein Herz und deinen Bauch – die Kraft des Feuers, der Liebe und des Mitgefühls.
– Beim Ausatmen lasse kleine rote Feuervögel aus Herz und Bauch herausfliegen und lasse sie deine Liebe und dein Mitgefühl in die Welt tragen.
– Atme so einige Male die Kraft des Südens bewusst ein und aus.
– Spüre mit einigen ruhigen Atemzügen der Kraft des Feuers, der Liebe und des Mitgefühls in dir nach.
– Wo im Körper empfindest du die Qualitäten des Südens am intensivsten?

*7. Position – die Mitte*
– Lege die rechte Hand unter die linke Hand, kreuze sie so übereinander, dass die Handballen auf dem Herzchakra liegen.
– Beim mehrfachen ruhigen Ein- und Ausatmen sei dir bewusst: Was die Sonne für die Erde ist, ist das Herz für deinen Körper. Das Herz ist dein Gefühlszentrum, dein intuitives Erkenntnisorgan.

– Zentriere dich mit einigen ruhigen Atemzügen auf das Herzzentrum.
– Nun spüre in dir die Kräfte und ihre Qualitäten, mit denen du dich in den vorherigen Positionen bewusst verbunden hast. Sie sind ein Anteil von dir. Du bist du – und bist zugleich die Welt.
– Drehe dich langsam in dieser Haltung viermal im Sonnenlauf, dann löse die Hände von deiner Brust und singe laut dein Lieblingslied!

Wiederhole diese Übung mehrfach und nimm wahr:
Wie empfindest du dich bei Ausführung der gleichen Übung:
– Zu unterschiedlichen Tageszeiten?
– Bei starker Alltagsbelastung?
– Wenn es dir rundum gut geht?

Vertraue deiner Empfindung mehr als deinem Wissen! Die Vernunft ist eine meisterliche Verschleierin von Wirklichkeit.

  Die Wirklichkeit ist ein lebendiger Kosmos.

Die Wirklichkeit ist »eins«, auch wenn wir immer nur einzelne Aspekte des Einen wahrnehmen können.

Alles, was ist, ist ein Anteil von dieser Einheit – aber kein Teil, denn Alles ist ungeteilte Wirklichkeit.

Das ist auch so, wenn ich mir meines Anteils an allem nicht bewusst bin. Sich im Ritual oder in einer Übung bewusst mit »etwas« zu verbinden, ist eine Aufwachhandlung, über die ich mir dieser Verbindung wieder bewusst werde.

Wo immer ich auch bin, bin ich verwurzelt in mir, in meinem inneren Zentrum. In diesem Zentrum bin ich einstimmig mit allen Wesen, bin ich Geist vom Geist, bin ich vollkommen.

*Bereitsein: das Öffnen der Sinne*

## Lauschen und Schwingen – Die blinden Seher

Die Fähigkeit zur Wahrnehmung von Schwingung ist entscheidend für das erfolgreiche Wirken von Schamaninnen in schamanischen Gemeinschaften – und ebenso entscheidend für das erfolgreiche Wirken mit schamanischen Methoden von Ritualfrauen in unserer nicht schamanischen Kultur.

Der heilsame Umgang mit Geist und Menschen im Bewusstseinsfeld Schamanismus erfordert Ohren, die sehen, Augen, die hören, und Geist, der fühlt. Anders ist es nicht möglich, die Oberflächen von Erscheinungen – körperliche Erkrankungen, seelische und geistige Störungen – zu durchdringen und die Ursachen zu erkennen.

Auch wenn ich »nur« ein schamanisch ausgerichtetes Ritual durchführen möchte ohne den vermessenen Anspruch zu haben, deswegen schon Schamanin zu sein, gehört es meiner Erfahrung nach zur Grundausrüstung einer Ritualfrau, Schwingungen wahrzunehmen, Lauscherin zu sein. Diese Qualitäten können erlernt werden, nach und nach. Die Grundausstattung zu ihrer Wahrnehmung tragen wir in uns.

*Weil unsere Sinne diese Grundausstattung sind, kann das Einatmen einer kundig eingesetzten Räucherung bewusstes Sehen fördern und unterstützen. Weiße Schafgarbe, Lorbeerblätter, Bernstein, Bilsenkraut sind nur einige der möglichen Räucherstoffe »blinder Seherinnen«.*

Der »blinde Seher« als Bezeichnung für einen wissenden, visionären Menschen zieht sich durch alle alten Mythen der Völker. In unserer abendländischen Kultur ist nicht nur der blinde Sänger Homer als erleuchteter Seher bekannt, sondern auch der das Wissen suchende Weltenwanderer Odin. Um sehend zu werden, allwissend, gab er ein Auge gegen einen Schluck aus Mimirs Brunnen, aus der Quelle der Weisheit.

Ich sehe gerne – mit offenen und geschlossenen Augen. Und ich bin sehr dankbar, noch mit beiden Augen die äußere Welt sehen zu können – und bin ebenso froh und dankbar, manchmal in der Lage zu sein, das Wesen der Dinge, die Schwingungen von »etwas« unabhängig von meinen biologischen Augen erkennen zu können. Es ist ein Sehen ohne die Begrenzung durch Farben, Formen und gewohnte Interpretationen.

> *»Viele Leute, die vollkommene Augen haben, sind blind in ihren Wahrnehmungen.*
> *Viele Leute, die vollkommene Ohren haben, sind taub für die Regungen der Seele. Gerade aber diese Leute sind es, die sich erkühnen, den Visionen anderer Menschen Schranken vorschreiben zu wollen.«*
> Helen Keller, eine mutige, taube und blinde Frau (1890–1968)

Wenn ich mit meinen biologischen Augen sehe, bin ich immer woanders, da, wohin mich mein Auge führt. Sehen macht bequem – und manchmal auch blind.

Um mich in Ritualen nicht so leicht von Alltagsbildern ablenken zu lassen, die das erkennende Sehen blockieren, mache ich eine kleine Übung vor dem Ritual zur Beruhigung der Sehrinde. Immerhin macht diese ein Drittel der gesamten Hirnrinde aus. Mit der Übung versuche ich, meine meist reich bebilderte innere Sehtafel leer zu wischen, damit sich Neues darauf zeigen kann.

### Die Sehrinde beruhigen

– Reibe deine Handflächen aneinander und lege dann jede Hand über ein Auge. Schließe deine Augen.
– Blicke mit geschlossenen Augen nach rechts und wieder zurück, ohne dabei deinen Kopf zu bewegen. Führe diese Bewegung viermal aus.
– Blicke mit geschlossenen Augen viermal nach links und wieder zurück, ohne dabei deinen Kopf zu bewegen.
– Blicke mit geschlossenen Augen viermal nach oben und wieder zurück, ohne dabei deinen Kopf zu bewegen.
– Blicke mit geschlossenen Augen viermal nach unten und wieder zurück, ohne dabei deinen Kopf zu bewegen.

– Nun verbinde mit geschlossenen Augen die vier Punkte zu einem Kreis.
– Lass deine Pupillen mit geschlossenen Augen diesen Kreis erst rechts herum gehen, dann links herum.
– Nimm die Hände von deinen Augen.
Wie nimmst du jetzt mit geöffneten Augen die Umwelt wahr?

Wenn ich höre, verlege ich das, was ich höre, in mich hinein. Hören ist ein verinnerlichender Prozess. Das Sinnesorgan, das am schnellsten und auch die meisten Außenreize und Impulse aufnimmt, ist das Ohr, nicht das Auge.

Das Ohr hat mehr Nervenverbindungen zum Gehirn als das Auge. Man täuscht sich viel eher optisch als akustisch. Hören aktiviert das Gehirn, wir hören siebenmal schneller als wir sehen und nehmen über die Schädelknochenresonanz sogar Ultraschall wahr.

Der ganze Mensch hört, denn jeder Muskel steht über das Rückenmark mit dem Nervengeflecht des Gleichgewichtsorgans in Verbindung. Dieser Nervenstrang vereint sich wiederum mit dem Nerv des Hörorgans. Wir hören also auch über unsere Haut und die Knochen.

*Wer hört, fühlt.*

*»Noch mehr als der Sehsinn verbindet uns der Gehörsinn mit den Schwingungen der Wellenteilchen und so mit dem Schwingungsfeld des Kosmos.*
*Mit der Fähigkeit zu hören hat die intelligente Evolution ein notwendiges Feedbacksystem geschaffen, um den Menschen in die kosmischen Schwingungen einzubetten.«*
Bruno Martin

Stimmt das auch für all die Geräusche und die Musik, der wir im Alltagsleben oft wehrlos ausgeliefert sind, es sei denn, wir verschließen die Ohren wie Odysseus? Die Grenze zwischen Hör-Folter durch Dauer-Klang-Berieselung in Einkaufsparadiesen und Hör-Genuss durch ständig zur Verfügung stehende Lieblingsmusik in I-Pods und MP3-Playern ist dünn.

Doch trotz dieser zunehmenden Beschallung und trotz wachsender Zahl von Kopfhörern in den Ohren von Menschen, die mit dem Kopf hören, ist die ungeteilte Aufmerksamkeit für Klang weitgehend verloren gegangen.

Die wachsende Sehnsucht nach bewusst gewählter Stille in der Natur erzählt davon.

Natur heilt Seele – dieses Wissen hat mittlerweile auch bei klassischen Medizinern Einzug in ihr Denken und Handeln gefunden.

Doch Natur ist nicht still. Sie ist in Bewegung, schwingt und klingt. Zwar steht der Wald immer noch »schwarz« in der Nacht, wie es im Abendlied »Der Mond ist aufgegangen« heißt, aber auf keinen Fall steht er »schweigend«. Vielleicht ist der Dichter Matthias Claudius nie nachts allein im Wald gewesen – er hätte sich sicherlich etwas gefürchtet vor all dem Rascheln, Knacken, Wispern, Schnaufen im Wald bei Nacht.

Als ich einmal voller Begeisterung über mein Wissen einer alten, nicht lesekundigen Heilpflanzenfrau am Amazonas erzählte, Physiker hätten herausgefunden, dass die Wiesenblumen und Gräser Klänge machen, dass sie singen und es wahrscheinlich so ist, dass jede Pflanze ihren eigenen Klang hat – hat sie mir höflich, aber sichtlich gelangweilt zugehört. Sie wusste es. Sie hat es ohne physikalische Messmethoden erfahren und arbeitet wie ihre Vorfahren heilsam mit diesem Klangwissen.

Beschämt habe ich es mir daraufhin verkniffen zu erzählen, dass sogar Protonen und Neutronen des Sauerstoffatoms in einer Dur-Tonleiter schwingen und bei der Entstehung von Blattgrün aus Licht und Materie Dreiklänge ertönen. Nun erzähle ich entsprechende Nachrichten aus der Wissenschaft nur noch auf Seminaren, diese Art von Wissen macht vielen Menschen den Zugang zum anderen Wissen, zum Erfahrungswissen, leichter.

Aber dass es bei mir zu Hause einen Vogel gibt, der über neunhundert verschiedene Melodien kennt (die Nachtigall), das habe ich der Kräutergroßmutter doch noch erzählt – und das hat sie sehr beeindruckt.

Die Welt ist aus Klang und Bewegung entstanden, so wird es in vielen Entstehungsmythen der Völker erzählt.

Klang ist es, der die Welten immer wieder neu entstehen lässt und erhält. Klang ist es, der die Wesen der Schöpfung verbindet. Es war Klang, die eigene Stimme, die Menschen von Anbeginn ihres bewussten Menschseins eingesetzt haben, um mit den Erscheinungsformen der Wirklichkeiten, mit den Wesen und Kräften der Natur zu kommunizieren, in Resonanz zu gehen.

Dem eigenen Klang und dem Klang der Wesen und Naturerscheinungen zu lauschen, wird für unsere Urahninnen genau wie für uns heute der unmittelbare Zugang zum Erkennen der Wirkkraft »Schwingung« gewesen sein. Sie werden nicht gehört, sondern gelauscht haben, so wie sie es sicherlich vom »Ohrspiel« der Tiere gelernt haben: die Ohren auf Empfang einzustellen und die Töne in sich hineinzusaugen. Sie werden versucht haben, Klänge der Natur nachzuahmen und sich darüber einzubinden in das Schwingungsfeld derjenigen Erscheinung von Natur, mit der sie in Verbindung treten wollten. So, wie es immer noch – und vor allem: wieder – geschieht in auf Natur und ihre Schwingungen bezogenen Ritualen. Auch wir, die Menschen, sind Natur!

Nehme ich bewusst über meine Sinne die Schwingung einer Energie wahr, so kann ich sie verstärken oder umlenken, oder auch abwehren. Das kann ich bewirken, indem ich dieser Schwingung bewusst nachlausche, sie durch aufmerksame Wahrnehmung über alle Sinne empfinde, mich von der Qualität der Schwingung berühren lasse, mich mit ihr vertraut mache: Wie fühlt sie sich an, welche Empfindung löst sie in mir aus, welchen Klang hat sie?

Es gibt in diesem Prozess der bewussten Wahrnehmung einen Moment, da erkenne ich das Lied der Energie, den Geist von »etwas«. Ich empfange den Klang dieser Schwingung, webe ihn in meine Schwingung ein, singe aus meinem Klangfeld heraus das Lied dieser mich unterstützenden oder auch störenden Energie – und handle so nach dem homöopathischen Prinzip der Entsprechung. Mit dem Lied der Anakonda heile ich den Schaden, den sie angerichtet hat. Mit dem Lied des Neides wandle ich den

Schaden, den der Neid angerichtet hat. Mit dem Lied der Traurigkeit wandle ich die Traurigkeit.

> *»Bewusstes Empfangen beim Hören verändert die Aufnahme des Gehörten, erhöht die Wirkungsmöglichkeiten der aufgenommenen Schwingungen.«*
> Gisela Rohmert, Begründerin der klangorientierten Körperarbeit Lichtenberger® Institut

Das wirksamste rituelle Werkzeug der Schamaninnen erwächst aus ihren Schwingungs-Erfahrungen und ist ihre Stimme, sind ihre rituellen Worte und der rituelle Gesang.

»Meine Heilkraft fließt mit den Tönen in deinen Körper«, erklärte mir der alte Schamane Reshin Nika in einem Dorf am Ucayali in Peru. Zwei Nächte lang hatte er mich in Ritualen besungen und wieder in den gesunden Zustand meines Körpers und meines Geistes gebracht.

Geist-Stimmen waren es, die mich verstört und verwirrt hatten, und eine Geist-Anakonda war es, die meinem Körper einen Schaden zugefügt hatte.

Ein Erleben, das mich heute, vier Jahre später, immer noch erstaunt und mit Respekt erfüllt gegenüber der lebendigen Wirklichkeit von Manifestationen von Geist, von Geistern. So ist es gewesen, und das habe ich erlebt:

Ich war eine Woche lang an einem wunderschönen Platz im Nationalpark des peruanischen Bergdschungels: Ein Bach mit kaltem Wasser, ein Bach mit heißem Wasser, das aus einem Vulkan strömt, ein kleiner Wasserfall, eine reiche Tier- und Pflanzenwelt. Momentaufnahmen aus einem Paradies.

Bis ich eines Nachts davon aufwachte, dass ich laute Frauenstimmen hörte, die sich in einer mir nicht bekannten Sprache unterhielten, weinten und aufgeregt klangen. Ich habe sie nicht im Traum gehört, sondern hörte sie mit offenen Augen. Ich beruhigte mich mit der Überlegung, dass mein Freund Boa, der unter dem Boden der auf Stelzen gebauten kleinen Hütte in einem Zelt schlief, sicherlich ein Radio bei sich hatte, aus dem diese Stimmen kamen. Als gelehrige Schülerin rief ich mir die Worte des alten Schamanen ins Gedächtnis:

»Du musst lernen zu erkennen, woher die Töne kommen, sonst wirst du verrückt. Wenn jemand Schamane lernt und nicht stark genug ist, die Geisterwelt von der Menschenwelt zu unterscheiden, dann kann er verrückt werden. So ist das. Wenn du etwas hörst, was dir seltsam vorkommt, frage einen anderen, ob er es auch hört. Wenn er es auch hört, kommt es aus unserer Welt.«

Da ich nicht vorhatte, verrückt zu werden, entschied ich mich für die Radio-Erklärung und schlief beruhigt wieder ein, begleitet von den Frauenstimmen.

Boa, den ich am nächsten Morgen nach seinem Radio fragte, schüttelte nur lachend den Kopf und breitete seine Besitztümer vor mir aus: ein Hemd, eine Hose, ein Handtuch, eine Taschenlampe, drei Schnitzmesser, kein Radio. »Wieso fragst du nach einem Radio? Langweilst du dich etwa?«

Da erzählte ich ihm von den nächtlichen Frauenstimmen.

»Aber Nanita, das ist doch ganz normal! Du hast die Stimmen der Mütter des Geistes dieses Platzes gehört. Die hört man hier manchmal, das hat mit der Geschichte der großen Steine dort im Wasser zu tun. Hierher sind Menschen aus den hohen Anden geflüchtet, als die Spanier kamen, hier haben sie über ihr Schicksal und ihre Toten getrauert.« Er wies auf einige große Felsen im heißen Wasser. So aufmerksam ich sie mir auch ansah, es waren graue große Steine, sonst nichts. Alle Wahrnehmungsübungen, die ich ausprobierte, ließen mich in den Steinen nichts anderes erkennen als Steine – wenn auch in sich verändernden Formen.

Da ich damals schon aufgehört hatte, Erklärungen der Ureinwohner Amazoniens zu seltsamen Phänomenen zu kommentieren und sie aus meiner Sicht zu interpretieren, setzte ich mich auf einen Baumstamm und begann, in mein Skizzenbuch zu zeichnen.

Ich versank im Malen, begleitet vom sanften Rauschen des Wassers, behütet von riesigen Bäumen und einem strahlend blauen Himmel.

Bis ich sie wieder hörte, die Stimmen der Frauen – so laut und klar, dass ich mich umdrehte, um zu sehen, ob Menschen an unseren Platz gekommen waren. Boa saß einige Meter von mir entfernt und schnitzte an einer Skulptur. Sonst war kein Mensch zu sehen. Aber ich hörte sie, am helllichten Tage, hörte sie deutlich mit wachen, klaren Sinnen.

Aufgeregt rief ich Boa zu, dass ich sie wieder hören würde, diese Frauen. Ob er sie denn auch hören würde? Nein, er hörte sie nicht. Er beruhigte mich mit einer Tasse Cocatee und erzählte mir, dass vor allem Frauen immer die Stimmen der Mutter des Geistes des Platzes hören würden, schon ganz früher sei das hier so gewesen.

Um mich auf andere Gedanken als die an Geister und Stimmen zu bringen, ging er mit mir einen Bachlauf hoch bis zum kleinen Wasserfall, der von rot-braun-schwarz gescheckten Felswänden umgeben war. »Das ist der Wasserfall der Anakonda«, erklärte er mir. Ich war wenig begeistert von diesem Ort, er fühlte sich kalt und abweisend an. Und die Bezeichnung Anakonda beeindruckte mich auch nicht, denn die Ähnlichkeit der Felsmusterung mit der Haut einer Anakonda war offensichtlich. In der folgenden Nacht hörte ich die Stimmen nicht mehr. Dafür stach mich am nächsten Tag ein großer Skorpion. Zum Glück war sein Stich nicht tödlich, nur äußerst schmerzhaft. Ich hatte genug vom Dschungelparadies, wir machten uns wieder auf den Weg zurück in mein Dorf.

Spät in der Dunkelheit kamen wir dort an, ich legte mich gleich in meine Hängematte und schlief. Am nächsten Morgen fühlte ich mich, als hätte jemand all meine Lebenskraft aus mir herausgezogen. Ich mochte nicht gehen, blieb auf dem Boden der Hütte einfach liegen, wollte nichts trinken, nichts essen, nicht reden, nichts hören und niemanden sehen. Boa war sehr besorgt und holte den Schamanen. Der rauchte, betrachtete mich aufmerksam und sagte: »Ich habe in der Nacht, bevor du kamst, gesehen, dass du sehr krank sein wirst, wenn du wiederkommst. Ich werde heute Nacht ein Ritual für dich machen und sehen gehen, was mit dir geschehen ist. Es wird ein besonderes Ritual sein, die Frauen aus meiner Familie müssen auch alle dazu kommen, denn sie müssen mir helfen zu singen.«

Es wurden zwei sehr besondere Ritualnächte, die mich tief berührt haben: Die gesamte Großfamilie des Schamanen, vom Kleinkind bis zur alten Frau, saß um mich herum, ich lag in der Mitte zwischen ihnen auf dem Boden.

Der Schamane sang und sang, manchmal fielen die Frauen mit ihren sehr hohen Stimmen in den Gesang mit ein. Manchmal sang der Schamane mit hoher Frauenstimme. Das Singen mit hoher Kopfstimme geschicht entweder, wenn der Geist in den Schamanen eingeht oder bei schwierigen Heilungen, in denen der Schamane den Geist, der ihm helfen soll, mit der Stimme einer Frau herbeilockt. Diesen Part darf aber keine Frau singen, sonst wirkt dieses hohe Lockrufsingen nicht, denn dieser sehr mächtige heilende Geist kommt nicht gerne, er arbeitet wohl nicht so gerne …

Das war es, was der Schamane Reshin Nika gesehen hatte:

Er sah, dass ich an einem Ort mit viel fließendem Wasser gewesen bin. Er sah, dass es ein Ort war, der von Müttern bewacht wurde. Er sah, dass ich auch an einem Ort gewesen war, wo das Wasser so wie ein Brunnen gewesen war, der tief in die Erde hinunterging. Am Grund dieses Wassers sei die Große Anakonda gewesen, es war ihr Zuhause. Ich hätte die Ruhe der Anakonda gestört, weil ich Fotos gemacht habe, deshalb hätte sie mir einen Schaden zugefügt. Aber ich könne froh sein, dass sie nur meinem Körper geschadet habe, denn wenn sie meiner Seele geschadet hätte, wäre ich jetzt tot. Ich hätte Glück. Eine der Mütter des Geistes des Platzes, die ich dort gehört hätte, sei mit mir mit nach Hause gekommen, hierher. Sie hätte mich geschützt. Ihr hätte ich es zu verdanken, dass die Große Anakonda nur meinem Körper schaden konnte.

Verständlich, dass ich nach dieser Begründung der Zusammenhänge meiner Erkrankung einen weiteren Schwächeanfall erlitt.

Die Heilung von den Auswirkungen des Schadenszaubers der Anakonda bewirkte der Schamane, indem er in einem weiteren Ritual das Lied der Anakonda sang.

*Das Lied der Anakonda*
*»Kommt, kommt, kommt ihr Energien der Anakonda,*
*damit ich selbst auf deinem Rücken gehen kann.*
*Ich singe weil ich dein Freund bin.*
*Schon kommt die Anakonda!*
*Meine Anakonda, ich bitte dich um Hilfe für meine ausländische Freundin, der die Anakonda des Felsens einen Schaden gemacht hat.*
*Sie ist ein Mensch aus einem anderen Land, eine weiße Taube.*
*Schon kommt die Freundin Anakonda, ich gehe tanzend über ihren Körper, denn ich bin eine Person, die sie kennt.*
*Medizin, Medizin – heile das Körperchen*
*von der Krankheit der Energie der Anakonda des Felsens, komm!*
*Komm her zu mir, Anakonda des Felsens.*
*Sie kommt, sie kommt, die Anakonda. Ich rede mit ihr.*
*Der Heiler, der nicht heilen sollte, war verärgert und belästigt durch sie, weil sie Fotos gemacht hat.*
*Ich sage ihr, ich bin ein Freund vieler Anakondas.*
*Lass sie bitte gehen, lass sie bitte gehen!*
*Anakonda, Anakonda – machen wir ein Geschäft, sage ich ihr.*
*Die Anakonda sagt: Ich werde sie gehen lassen, werde sie deinetwegen gehen lassen.*
*Die Anakonda verschwindet, und sie geht, und sie geht.*
*Danke! Danke, Anakonda, jetzt bin ich dein Freund, bin dein Freund und habe einen Freund, die Anakonda des Felsens in den Bergen, in den Hügeln.*
*Heile, heile, Körperchen.*
*Jee, jeee – ush ush.«*

Resonanz-Heilung, homöopathisches Prinzip der Entsprechung?

Wie und was auch immer, es hat gewirkt, es hat mich geheilt.

Und mein riskantes Geist-Abenteuer hat mich wieder einmal darauf aufmerksam gemacht, wie unbedingt notwendig es ist für wirksames Handeln in schamanischen Ritualen, das Lied der

Menschen, Wesen und Energien, die am Schaden und an der Heilung beteiligt sind, zu kennen.

Wie unbedingt notwendig es ist, Schwingungen von außen im Innen wahrnehmen zu können.

## Empfindung von Klang

Die folgenden Übungen sensibilisieren das Gespür für ein Hören nach innen, für das Empfinden einer Schwingungsqualität. Sie öffnen für die Wahrnehmungsqualität des inneren Lauschens.

Auch wenn du über die Ohren etwas von außen hörst – es geht darum, im Innen zu sein, zu lauschen und zu empfinden, wie und wo im Körper du den Klang von »etwas« empfängst.

Spüre beim Hören der Natur, sei es der Wind, das Blätterrauschen, ein Vogel, immer wieder nach, ob du mit dem inneren Hören, dem Lauschen, verbunden bist. Um in diese Verbindung zu kommen, ist es hilfreich, sich vorzustellen, dass die Ohren nach innen geklappt sind, dass die sonst nach außen gerichteten Hör-Tentakel sich nach innen ausstrecken.

Lauschen öffnet die inneren Räume.

> *»Am Anfang war der Wind.*
> *Durch sein Wirbeln bildet er die Urformen und den Urgrund der Welt. Dieser Wind tönte, und also war es der Ton, der die Stoffe formte. Durch das Tönen der ersten Urformen, des Urgrunds, entstanden weitere Formen, die ihrerseits kraft ihres Tönens neue Gestalten hervorbrachten.*
> *Der Ton bringt alle Formen und Wesen hervor.*
> *Der Ton ist das, wodurch wir leben.«*
> Alexandra David-Neel, Heilige und Hexer in Tibet

Der Wind ist ein mächtiger Meister der Wandlung! Er ist in allen schamanischen Traditionen verbunden mit der universellen Lebensenergie, die in allem ist. Er ist der schöpferische Atem, die Kraft, in der alle lebendigen Energien des Kosmos enthalten sind.

»Windpferde«, traditionelle tibetische Darstellung.

Im Flussdschungel Perus heißt es: »Wenn ein starker Wind aufkommt, besonders in der Dunkelheit, dann wandern die Geister umher.« Don Eduardo Calderon Palomino war bekannt als »Magier der vier Winde«, weil er in seinen Ritualen mit ihren Kräften arbeitete. Windpferd wurde die innere Kraft des Menschen in der alten schamanischen Weltsicht mongolischer Völker genannt.

> *»Freundliche Schwingen des Windpferds*
> *zeigen Mitgefühl in diesem weiten Land.*
> *Oh mein Schönes!*
> *Die Schwingen des Windpferds zu sehen*
> *erinnert mich daran,*
> *wie weit die Erde ist*
> *und wie weit meine Reise.*
> *Und wie ich mir wünsche, deine Schwingen zu nutzen.«*
> Aus einem alten tibetischen Volkslied

In den alten Überlieferungen fast aller Kulturen wird der Wind als erste Ausdrucksform des Schöpfergeistes angesehen. Auch in der Bibel ist der Begriff für den Anfang allen Lebens ruach: Geist, Wind, Nichtiges, Schnauben, Gesinnung, Gemüt, Atem, Hauch.

> *»Geist ist, was bewusst ist.*
> *Wind ist die aktive Energie,*
> *die dieses Bewusstsein unterstützt.«*
> Garma C.C. Chang, ein durch den Taoismus geprägter Buddhist

Bis heute ist der »heilige Wind« beim Volk der Navajo das wichtigste Element ihrer Weltsicht: Es war der heilige Wind, der den ersten Menschen Stärke verlieh und allem Sein, allen Wesen, Leben einhauchte. Der Wind brachte Bewegung und Veränderung in die Welt, über sein Tönen brachte er auch die Sprache zu den Menschen. Es ist der heilige Wind, der dem Kind im Leib der Mutter den Atem des Lebens schenkt.

Deshalb werden bis heute Neugeborene den vier Winden vorgestellt, ihren Wind-Eltern. Diese schenken dem Kind einen »kleinen Wind«, der in seinem Ohr versteckt, das Kind in seinem Leben leiten wird, damit es den Weg der Harmonie, der Schönheit gehen kann. So weiß ein Navajo von Geburt an, dass der kleine Wind in ihm untrennbar verflochten ist mit dem heiligen Wind, der in allem Leben ist, auch in dem Nichtsichtbaren.

Mir ist die folgende »Windsicht« am nächsten: Es war der erste Wind, der sich im Rücken der tanzenden Großen Mutter allen Anfangs erhob und zum lebendigen Atem wurde. Dieser Atem hatte die Macht, lebendig zu machen und Lebendiges zu erschaffen.

> *Spirit – Geist – kommt vom lateinischen Wort spiro, mit der Bedeutung »atmen«.*

Einen Hauch vom tanzenden Atem des »ersten Windes« kann man spüren, wenn man bewusst atmet und sich dabei dem Wind hingibt.

Die folgende Übung kann auch zu so einem verschmelzenden Atem-Tanz mit dem ersten Wind werden.

### Am Anfang war der Wind
Führe zunächst die Vorbereitung aus.
Gehe an einem windigen Tag an einen dir angenehmen Platz.
– Stelle oder setze dich bequem hin.
– Schließe die Augen, klappe deine Ohren nach innen.
Lausche dem Wind:
– Wie klingt er in deinem Kopf?
Lausche und atme ruhig.
– Wie klingt er in deinem Bauch?
Lausche und atme ruhig.
– Wie klingt er in deinem Herzen?
Lausche und atme ruhig.
– In welchem Körperteil trifft der Wind auf Widerstand?
Lausche und atme ruhig.
– In welchem Körperteil empfindest du den Wind als einen Teil von dir?
Lausche und atme ruhig.
– Richte deine Aufmerksamkeit auf den Ort in dir, an dem du den Klang des Windes als einen Anteil von dir empfindest.
Lausche und atme ruhig.
– Wie fühlt sich dieser Wind-Anteil an?
Lausche und atme ruhig.
– Wie klingt der Wind in dir?
Lausche und atme ruhig.
– Lass behutsam diesen Wind-Klang in dir aufsteigen und über deine Stimme außen hörbar werden.
– Webe diesen Ton in den Klang des äußeren Windes ein.
Wenn dein Ton im Wind verklungen ist, atme einige Male ruhig ein und aus, lass dich vom Wind berühren – innen und außen.
Gib dich der Bewegung des Windes hin, tanze mit ihm, töne mit ihm!

## In mir klingt die Welt

Wir hören Rhythmen und Klänge mit unseren Ohren im Außen. Das ist eigentlich nichts, was besonders erwähnt werden müsste. Aber diese uns so vertraute Art des Hörens hat eine geheimnisvolle, weil fast noch unbekannte Schwester – sie ist das Hören im Innen.

Alle Rhythmen, die im Außen sind, und es sind sicherlich Hunderte, sind auch in uns, in unserem Körper. Und ebenfalls in uns ist eine Sinfonie von Geräuschen. Mit dem Begriff Geräusche ist meist die Vorstellung von etwas Störendem, nicht Harmonischem, verbunden. Der Begriff Klang ist üblicherweise mit »rein, sauber« verbunden, doch Klänge sind nicht unbedingt sauber und rein, sondern sie bestehen aus einer Vielfalt an Geräuschen.

Beim Tönen haben wir fast immer eine »Hörvorlage« im Ohr. Wir meinen, etwas müsse so oder so klingen. Diese Hörvorlage begrenzt uns, sie macht, dass wir beim Tönen versuchen, einen glatten Ton zu imitieren. Die Lebendigkeit aber ist nicht im glatten Ton. Lebendigkeit ist dann im Klang, wenn wir es zulassen, die Begrenzung unserer Ton-Vorstellung aufzuheben und wenn wir beginnen, die Geräuschhaftigkeit im Klang zu entdecken. Diese Geräuschhaftigkeit schafft die Lebendigkeit des Klangs.

Rufe dir das Rauschen der Blätter eines Baumes im Winde in dein Ohr – welchen Ton hat dieses Rauschen? Es hat keinen Ton, es ist ein Klang voller geräuschhafter Vielfältigkeit. Es ist ein lebendiger Klang.

Die Wahrnehmung der Lebensgeräusche in sich, das Vertrautwerden mit der »Schwester des Hörens« kann einen anderen Raum in der eigenen Körper-Wirklichkeit erfahrbar machen.

In mir tost das Leben, in mir klingt die Geräuschsinfonie der Welt! Was habe ich davon, sie mir anzuhören? Was hat diese Geräuschhaftigkeit von Klang mit schamanischen Ritualen zu tun?

Diesen geräuschreichen Klangraum in sich wahrzunehmen, sensibilisiert die Empfindung für die Lebensgeräusche anderer Naturwesen und lässt mich ihre Informationen leichter und besser verstehen. Den schamanisch wehenden Wind des Wandels zu

»reiten« gelingt wirksam, wenn ich die Grenzen meines Körpers und Außen-Hörens überwinden kann, wenn ich meinen Resonanzraum mit der wechselnden Erscheinungsform des Wandel-Windes vereinen kann. Dazu muss ich ihn kennen, diesen geräuschvollen Resonanzraum, der in mir ist.

Susann Arbogast öffnet über die folgende Übung den Zugang zur »Körperkammer der Geräusche«.

### In mir klingt die Welt
Unternehme einen Spaziergang in der freien Natur. Nimm dir für die einzelnen Anregungen so viel Zeit, wie es für dich stimmt. Betrachte mit forschender, beobachtender Wachheit das, was in dir während der einzelnen Übungsschritte geschieht:
– Lausche den Geräuschen deiner Füße auf dem Boden während du gehst.
– Schließe deine Ohren mit den Fingern oder Ohropax, und lausche den Geräuschen in deinem Körper während des Gehens.
– Öffne die Ohren wieder. Wie nimmst du jetzt die dich umgebenden Geräusche wahr? Erlausche die Blätter, Halme, Luft, entfernte und nahe Geräusche, während du weitergehst.
– Gibt es einen Ort in dir, der in Resonanz mit den Klängen von außen geht? Wie empfindest du diesen Ort?
– Nun beginne, dein Gehen mit einem Summen (einfache Töne, keine bestimmte Melodie) zu begleiten. Verändert das Summen deine Körperempfindung, deine Gedanken? Verändert sich dein Gehen?
– Lass das Summen aus verschiedenen Bereichen in deinem Körper entstehen.
– Unterbrich dein Gehen. Verweile einige Zeit im Sitzen oder Stehen, schließe wieder die Ohren und lausche deinem Summen von innen.
– Nun lass das Summen ausklingen und lausche dem inneren Geräuschorchester in deinem ganzen Körper: im Kopf, Brust- und Bauchraum, in den Beinen und Armen. Lausche auf die Geräusche deiner Atmung.

– Lausche wachsam und empfangend. Nimm die Geräusche in dir als deine Körper-Musik wahr. Lass deinen Körper sich zu dieser Musik wiegen, sich bewegen.
In dir klingt die Welt.

## Im Gesang des Vogels ersingt sich die Welt

Es ist »etwas« im Gesang der Vögel, das bewirkt, dass die inneren Räume sich öffnen. Es ist etwas, das mein Herz berührt und mich in tiefe Empfindungen führt. Es ist etwas in diesem Vogelgesang, was Hirnmessungen und Begriffe nicht fassen können.

In vielen der Mythen, die von der Entstehung der Welt erzählen, nehmen Vögel die Rolle als Schöpfer oder erste Wesen ein. Sie werden als heilige Lebenskraft gesehen, aus der Leben entspringt.

Im Schöpfungsmythos der Inuit Alaskas war der Anfang von allem, was zu unserer Welt wurde, ein Rabe. Von ihm heißt es: »Er war kein gewöhnlicher Vogel, sondern eine heilige Lebenskraft, die der Anfang war von allem, was zu jener Welt wurde, in der wir leben. Er saß zusammengekauert in der Finsternis, als er plötzlich zum Bewusstsein kam und sich selbst entdeckte.«

Und auch bei einigen sibirischen Völkern war der Rabe das erste Wesen, das von niemandem geschaffen worden war.

*Nicht nur aus dem Gesang eines Vogels entfaltete sich die Welt, es war auch ein Fuchs, der als mythischer Schöpfer singend die Erde erschuf:*
*»Der Schöpfer Silberfuchs war die einzige lebende Person, es gab noch keine Erde, das Wasser allein erfüllte alles. ›Wie werde ich es machen?‹, fragte sich der Silberfuchs. Da gab er sich ans Singen, um es zu finden. Er sang da oben im Himmel. Er hielt das erste Stück Erde, das er einzig mit seinen Gedanken geschaffen hatte, in seiner Hand, ließ es dort durch sein Singen wachsen und schleuderte es dann in den leeren Raum hinein.«*
Aus dem Schöpfungsmythos des Volkes der Achumawi, Kalifornien

Im Klang aller Wesen ersingt sich die Welt – immer wieder neu.

Willst du dich von diesem Klang berühren lassen, dann gehe an einen dir vertrauten Ort in der Natur, an dem du ungestört dem Gesang der Vögel lauschen kannst.

Wähle möglichst eine Zeit, in der die Vögel besonders munter singen und zwitschern, das ist in der Morgendämmerung oder am frühen Abend, vor Einbruch der Dunkelheit. In der kurzen Zeit der Morgendämmerung singen mehr Vögel als zu irgendeiner anderen Tageszeit. Das ist in Städten jedoch nicht mehr so. Licht und Lärm verändern einschneidend das Leben vieler Vögel, so dass sich einige Vogelarten durch ihr Leben in der Stadt von ihren auf dem Lande lebenden Artgenossen auseinanderentwickeln. Vögel in lauter Umgebung singen lauter und höher als Vögel in ländlicher Umgebung, und schon eine geringe Lichtveränderung reicht aus, um das Gesangsverhalten von Vögeln zu verändern.

So wundere dich nicht, wenn du in der Stadt dem Gesang der Vögel lauschst – einige machen mittlerweile die Nacht zum Tag.

> »Das Wort Mystik kommt von griechisch myein, »die Augen schließen«. Seit alters aber werden Mystiker als in besonderem Maße ›sehende‹ Menschen empfunden! (...) Das Ziel ist (...) als Hörender sehend zu werden. Und als Sehender hörend.«
> Joachim-Ernst Behrend

Ob Nacht oder Tag – lasse in der folgenden Übung deine Augen geschlossen.

 **Die Vögel fliegen singend durch mich hindurch**
Führe die Vorbereitungsübung aus. Lege dabei besondere Beachtung auf das sanfte Kneten der Ohren.

– Schließe die Augen, atme mehrmals ruhig ein und aus, spüre deinen Körper.
– Lausche auf den Gesang der Vögel, atme dabei weiter ruhig ein und aus.

– Klappe deine Ohren nach innen und lass den Gesang der Vögel mit jedem Einatmen durch die Ohren in dich hineinfließen. Nimm wahr, wie der Gesang sich mit jedem Einatmen in deinem Körper ausbreitet.
– Atme über die nach innen geklappten Ohren den Gesang ein. Folge mit deiner Aufmerksamkeit dem Weg des Gesangs in alle Körperteile.
– Atme ruhig ein, bis du spürst, dass du angefüllt bist mit Vogelgesang. Spüre: Dein Gewebe nimmt den Gesang auf.
– Atme ruhig weiter und lausche dem Vogelklang in dir nach.
– Wo im Körper empfindest du ihn am intensivsten? Verweile dort mit einigen Atemzügen. Genieße den Gesang, erfreue dich an ihm, lächle!
– Nun richte die Aufmerksamkeit auf deine Nase. Empfinde mit einigen sanften Atemzügen, wie sie sich beim Einatmen weitet.
– Atme den Vogelklang über die Nase ein und lass beim Ausatmen über den nur leicht geöffneten Mund kleine Vögel fliegen.
– Lausche dem Gezwitscher der Vögel, die aus dir herausfliegen.
– Sei dir bewusst: Du nimmst die Vogelgesang-Schwingungen auf, bereicherst mit ihnen dein Schwingungsfeld und wirst so zu einem Anteil vom Vogelgesang.
– Sei dir bewusst: Du atmest eine Mischung von Vogelgesang und deiner Schwingung aus und bereicherst so die Vogel- und Menschenwelt mit neuen Schwingungen.
– Beende die Übung mit einem Dankgesang an die Vogel-Lehrmeister.
Oder: Pfeif dir was!

Führe diese Übung häufiger aus. Lerne über das Wahrnehmen des Vogelgesangs zu unterschiedlichen Tageszeiten und an unterschiedlichen Orten mehr und mehr zu spüren, wann du mit ihrem Klang im Einklang bist. Bist du in diesem Einklang, dann bist du selbst der Gesang.

> »*Der Vogelgesang balanciert unser Gehirn – es ist dann nicht mehr rechts und links tätig, sondern in der Mitte.*«
> Gisela Rohmert

Wende deine Klang-Erfahrungen auch auf Alltagssituationen mit Menschen an – höre nicht nur auf das, was sie sagen, sondern lausche, ob sie im Einklang sind mit dem, was sie sagen. Diese Stimmigkeit mit sich selbst und mit jemand anderem oder »etwas« anderem wahrzunehmen, ist eine wichtige Voraussetzung zum Erkennen der augenblicklichen Wirklichkeit – nicht nur in schamanischen Ritualen.

Wäre ich am Wasserfall der Anakonda aufmerksamer gewesen auf die Stimmigkeit bzw. Unstimmigkeit meiner Anwesenheit dort, hätte ich den Ort sofort wieder verlassen und nicht den Zorn der Großen Anakonda auf mich gezogen. Hätte ich mich auf die Stimmen der Mütter des Geistes des Platzes eingelassen, mit ihnen »geredet«, wäre ich wahrscheinlich gar nicht erst zum Wasserfall gegangen.

Ein »hätte« und »wäre« gilt aber nicht in schamanischen Welten. Es war, was war. Und es ist, was ist. Der Ausgangspunkt für Wandlung ist der, an dem ich jetzt stehe. Jetzt. Alles Leben geschieht jetzt. Rückblick ermöglicht Verstehen. Verstehen kann mich wandeln und sich heilsam auf mein Jetzt auswirken. Der Prüfstein für die Wahrhaftigkeit meines Verstehens und Wandelns ist das bewusste Sein im Jetzt.

Immer wieder erstaune ich darüber, dass Menschen aller Zeiten und Konfessionen das gewusst haben:

Die Schöpfung ist eine lebendige, vollkommene Ganzheit. Als ein Ausdruck der Schöpfung bin auch ich eine lebendige, ungeteilte Ganzheit - auch wenn ich mir dessen manchmal nicht bewusst bin.

So habe ich gelernt, nach und nach, mehr und mehr mit mir überein-zu-stimmen, im Jetzt. Vögel sind dabei meine bevorzugten Lehrer. Auf die Stimmen der nicht sichtbaren Mütter des Geistes von »etwas« achte ich nun schon besser, bin aber auch durchaus froh, wenn ich sie nicht höre. Und vor dem Geist der Großen

Anakonda verbeuge ich mich respektvoll, wann immer ich ihm in veränderten Bewusstseinszuständen begegne. Doch an den Wasserfall der Anakonda werde ich nicht mehr zurückkehren.

»Die Geister erinnern sich an den Menschen, dem sie begegnet sind«, ermahnte mich der alte Schamane im Dorf, als ich bei meiner nächsten Reise mit dem Gedanken gespielt habe, doch noch einmal dieses herausfordernde Dschungelparadies zu besuchen. Da ich nicht weiß, wie sich die Geister dort an mich erinnern, unterlasse ich die erneute Begegnung. Auch das ist Intelligenz im Sinne von aufmerksamer Wachheit.

> *»Ihre (der Tiere) Modulationen sind absoluter Ausdruck ihres Daseins und völlig deckungsgleich mit diesem. Das (...) haben uns die Tiere an Vollkommenheit voraus. Es ist ihre unbewusste Weisheit. Sie lehrt uns, dass etwas gewusst werden kann, auch wenn wir es nicht benennen können.*
> *Wir sollten auf die Melodien der Tiere zählen. Sie sind das zentrale Symbol für jene unsagbaren Wege des Empfindens. Sie sind der Ton des Lebens selbst.*
> *In ihnen wird Empfindung wissbar.*
> *In der Stimme der Wesen singt sich die Welt.«*
> Andreas Weber, Biologe, Philosoph

# Rituale der Wandlung

Entscheide ich mich dafür, ein Ritual der Wandlung mit schamanischen Methoden durchzuführen, dann entscheide ich mich für die bewusste Begegnung mit geistigen Kräften.

In schamanischen Ritualen spielt der Respekt vor dem »Geist, der alles bewegt und in allem ist«, eine zentrale Rolle. Der rituelle Ausdruck dieses Respekts ist zugleich ein Schutz davor, den Unmut der geistigen Kräfte in ihren Erscheinungen als Geister hervorzurufen. Damit ist gemeint, nicht durch unüberlegtes oder egobezogenes Verhalten die Harmonie des Gefüges zwischen den Schwingungsfeldern aus dem Gleichgewicht zu bringen.

Das kann geschehen, wenn die Ritualausführende gefangen ist in ihrer persönlichen Wichtigkeit und in der Vorstellung, sie selbst sei diejenige, die heilsamen Wandel bewirkt. Diese Fallgrube der Eitelkeit bewirkt häufig Unruhe, Verwirrung, Desorientierung bei der Ritualausführenden und den Teilnehmerinnen. Nur merken das die Teilnehmerinnen meist schneller und tiefgreifender als die Ritualausführende.

Respekt und Achtung – eine grundlegende Qualität heilsamen Wirkens, in allen Welten, in allen Bewusstseinszuständen.

Eine ganz andere Qualität, die sich in schamanischen Ritualen sehr verändert erfahren lässt, ist Zeit.

*»Rituale gehören im Leben auch zum Glück, weil man sich in ihnen sicher und aufgehoben fühlt. Ein Ritual ist eine mensch-*

*gemachte Technik, um Sachen zu verlangsamen. Unsere Tendenz ist ja immer Eile, die Konsequenz davon ist Stress.«*
Fürst Karma Ura, oberster Glücksvermesser von Bhutan

Schamanische Rituale fallen aus der Zeitordnung heraus in einen nicht durch Zeit bestimmten Raum.

Zeit wird durch die Uhr quantifiziert, ihrer eigentlichen Qualität beraubt. Das gilt auch für andere Zeit- und Datumsbestimmungen: Der 24. Dezember ist etwas anderes als Weihnachten, Sonnenaufgang ist eine Qualität, die Zeitangabe des Sonnenaufgangs, 5:43 Uhr, ist eine Information.

Wer die Tage nur als Daten wahrnimmt, die Zeit nur als Maßeinheit, der kann von der Zeit nichts anderes erwarten, als dass diese vergeht.

Zeit ist ein Angebot an Möglichkeit von Sinn und von Erfahrung. Zeit ist nicht mehr als ein von Menschen geschaffenes Mittel, die Welt unserer Gehirnfunktion entsprechend als Folge von Ereignissen zu ordnen.

Wenn man die Erfahrungen im eigenen Leben so ordnen möchte, dass die eigene Lebensordnung mehr umfasst als nur eine Folge von Ereignissen, dann muss man lernen, wie die eigene innere Zeitqualität geweckt werden kann. Das Leben wird dadurch immer wieder neu erfüllt von bisher nicht gesehenen Sinn- und Handlungsmöglichkeiten.

Auch das beinhalten schamanische Rituale der Wandlung: die Wahrnehmung bislang noch nicht erkannter Möglichkeiten. Deshalb achte darauf, für die Durchführung deines Rituals einen weiten äußeren Zeitrahmen zur Verfügung zu haben, um den geschützten Raum für die Entfaltung der inneren Zeit in der dir entsprechenden Ordnung schaffen zu können.

### Geistige Zäune
*Schamanismus heißt, Zäune bauen – dies ist seit Jahren meine trockene Antwort auf die vielen Fragen danach, was wichtig sei zu beachten bei der Durchführung schamanischer Rituale. Diese Antwort irritiert die Fragenden oft, weist aber auf*

*einen der Grundpfeiler schamanischer Arbeit hin: Es gibt unterschiedliche Wirklichkeiten, mit unterschiedlichen Qualitäten. Diese Verschiedenartigkeiten muss man kennen, um in und mit ihnen willentlich wirken zu können.*

*In meiner siebenundzwanzigjährigen Wanderzeit durch die Welten des Schamanismus unterschiedlicher Kulturen habe ich eine Vielfalt von geistigen Zäunen erfahren, die errichtet wurden, um die verschiedenen Wirklichkeiten des Bewusstseins voneinander zu trennen. Aber: Ein Zaun hat auch immer eine Pforte – und die »Pforten dazwischen« machen einen willentlichen Wechsel möglich, ohne die Qualitäten der Wirklichkeiten durcheinanderzubringen. Die Vorstellung einer alles umfassenden Wirklichkeit in Form von drei Welten zieht sich durch Kulturen und wird je nach Weltsicht mit räumlichen, zeitlichen, mythisch-kosmologischen Begriffen bezeichnet.*

*Bei einigen Völkern Sibiriens gehörte es zur Arbeit einer neuen Schamanin, vor Amtsantritt in einem besonderen Ritual einen eigenen »geistigen Zaun« zu bauen.*

*Auch in den Mythen des Desana in Kolumbien wird erzählt, wie der Sonnenmann, der am Anfang war, die ersten Menschen lehrte, unsichtbare und undurchdringliche Zäune um ihre malocas (Hütten) zu ziehen, um sich vor bösen Geistern zu schützen.*

*In Nepal saß ich zu Beginn eines Heilrituals der Kirati-Schamanin Parvati gegenüber. Aufmerksam beobachtete ich, wie sie den Altar mit ihren rituellen Werkzeugen vor sich aufbaute. Ich traute meinen Augen kaum, als sie aus ihrer großen Tasche einen kleinen, aus Bambus gesteckten »Jägerzaun« herausholte und vor sich stellte. Er diente ihr als geistiger Zaun bei ihrer Heilarbeit.*

*Zäune trennen also nicht nur, sie schützen und bewahren auch. Die geistigen Zäune der Schamaninnen können aus den »Materialien« gefertigt sein, die zum jeweiligen Repertoire der Schamanin gehören: aus Mantras, Gesängen, Rhythmen, Gesten, Räucherungen oder Pflanzen.*

### Warum, wie und wo will ich das Ritual ausführen?

Wenn in dir der Wunsch nach einem Ritual mit schamanischen Methoden zur Wandlung deiner Situation aufsteigt, gehe ihm mit Aufmerksamkeit nach. Das gelingt oft am besten auf einem langen Spaziergang durch die Natur, alleine.

Bewusste äußere Bewegung erleichtert oft den Zugang zum kreativen Raum in uns, in dem alle Fragen und Antworten, alle Möglichkeiten der Entfaltung unseres Seins tanzend darauf warten, sich in unsere Lebensbewegung einzuschwingen.

Bewusste äußere Bewegung hilft, über die Anregung aller Sinne beim Gehen in den Zustand zu kommen, der ein zentraler Ausgangspunkt aller schamanischer Arbeit ist: Bewusstes und zugleich intuitives Spüren, Empfinden, Lauschen – ohne Einengung durch Vorstellung, wie etwas, in diesem Fall das Ritual, sich gestalten will.

#### Warum und wie? Erstes Erspüren

– Gehe nach draußen, möglichst in eine ruhige Umgebung.

– Beginne deinen Spürgang, indem du einen Rhythmus findest, bei dem dein Atem und deine Schritte im Gleichklang sind. Wenn du einen Rhythmus gefunden hast, achte nicht mehr auf ihn, lass ihn laufen.

– Nun konzentriere dich auf die Fragen: Warum will ich ein Ritual machen? Wie will ich das Ritual machen?

– Murmle eine Weile halblaut vor dich hin: warum und wie, warum und wie, warum und wie …

– Wenn du merkst, dass sich die Wörter wie von alleine sprechen und dein Denken stiller wird, bleibe stehen.

– Sei still, spüre den Wind um dich herum – und wenn es windstill ist, spüre die Luft um dich herum.

– Nun überlasse deine Fragen dem Wind: Rufe bewusst und laut in den Wind, in jede Himmelsrichtung: warum und wie? Kein zaghaftes Flüstern, sondern kraftvoll, mit aller Willenskraft.

– Dann kümmere dich nicht mehr um die Fragen. Gehe weiter, gehe spazieren.

*Rituale der Wandlung*

– Wenn sich der Spürgang seinem Ende nähert, bleibe stehen. Hebe deine Arme mit geöffneten Handflächen weit ausgebreitet neben deinem Körper auf Brusthöhe hoch. Drehe dich langsam viermal zum Herzen hin, das heißt links herum, atme dabei gleichmäßig tief ein und aus.
– Überkreuze die Arme vor deiner Brust, atme sanft dreimal in deinen Bauch hinein, dreimal in dein Herz. Dann löse dich aus der Haltung.
– Achte nach Beendigung der Übung auf die ersten Bilder und Gefühle, die in dir aufsteigen.

Du wirst die Art des für dich stimmigen Rituals erspüren. Nicht unbedingt sofort, aber bestimmt am nächsten Morgen.

Das Warum und das Wie werden Gestalt in dir annehmen. Erzwinge nichts, konstruiere nichts! Auch die Geister brauchen manchmal Zeit, sich bemerkbar zu machen …

Es ist nicht nur wichtig zu wissen, was man tun will – es ist vor allem auch wichtig ein Gespür dafür zu entwickeln, wann der richtige Augenblick ist und welches der richtige Ort ist, dieses Wissen im Ritual zu »tun«.

## Wo?

*Der stimmige Ort*
Den richtigen Ort für ein Ritual zu finden ist dann einfach, wenn du es in deinem vertrauten Umfeld durchführen kannst.

Du wirst Orte kennen, an denen du dich wohl fühlst, die du schon als kraftvolle Ritualplätze erfahren hast. In diesem Fall wird es dir keine Schwierigkeiten bereiten, für Ungestörtheit während des Rituals zu sorgen.

Erspüre bei jedem Ritual neu, ob es in einem Raum oder an einem Platz in der Natur stattfinden soll. Traue deiner Empfindung!

*Der stimmige Raum*
Vor vielen Jahren, als ich am Anfang meiner öffentlichen Seminararbeit stand und meine Schritte in die schamanischen Bewusstseinswelten noch tastend waren, wurde ich eingeladen, im Praxisraum einer Heilpraktikerin ein Tranceritual durchzuführen. Ich kannte den Raum nicht, als ich die Zusage machte. Ich wurde in einem schönen Haus von freundlichen Menschen empfangen, die mir voller Stolz den Ritualraum zeigten. Ich stand an der Tür, blickte in den Raum – und hielt die Luft an, mein Lächeln gefror. Der Raum war angefüllt mit Kristallen aller Größen, aller Arten. Die größten standen auf dem Boden und reichten teilweise bis an meine Oberschenkel. Auf Fensterbrettern und in Regalen stand Kristall an Kristall. Eine ähnliche Anhäufung hatte ich bis dahin nur in einer Hamburger Mineralienhandlung gesehen. Ich hatte das Gefühl, keine Luft mehr zu bekommen, ein kleiner Schwindelanfall kündigte sich an. Ich ignorierte diese Empfindung und schob sie auf die lange Zugfahrt und den Hunger.

»Ist das nicht der ideale Raum für ein schamanisches Ritual?«, fragte mich die Heilpraktikerin. Sogenannte »gute Erziehung« ließ mich stumm nicken.

Der darauffolgende Trancetag war energetische Schwerstarbeit. Beim einleitenden Ritual hatte ich die Empfindung, eingekesselt zu sein. Nur mit größter Anstrengung konnte ich den rituellen Raum aufbauen und ihn für die Teilnehmerinnen im Ritual halten. Während des Trommelns hatte ich das Gefühl, gegen einen festen Wall um mich herum antrommeln zu müssen, der sich immer enger um unseren Kreis zog und Druck auf mein Herz ausübte. Es war ein energetischer Wall, der keine Schwingungen durchließ, weder die der Trommel noch meine, noch die der Teilnehmerinnen im Kreis.

Erschöpft wie nach schwerster körperlicher Arbeit und energetisch ausgebrannt sank ich am Abend in die Polster der Bundesbahn. Es dauerte einige Tage, bis ich wieder ganz in meiner Kraft war.

Seitdem meide ich Ritualräume mit Anhäufungen von Kristallen. Oh ja, heute weiß ich es: Auch die Energie eines Raumes ist wandelbar!

Und noch ein »Oh ja«: Heute kann ich auch auf Erfahrungen zurückblicken, die meine Wandlungs-Aktivitäten sehr behutsam haben werden lassen. Heute spüre ich sehr aufmerksam nach, ob die mich störende Energie eines Ortes für die Geschichte und den Geist des Ortes vielleicht »richtig« ist, auch wenn sie mir nicht zusagt oder entspricht. Und ob es stimmt, in die mich störende Energie eines Ortes einzugreifen, um ihn in Hinblick auf meine spirituelle Absicht stimmig zu verändern. Auch Orte, Dinge und Wesen, die für mich nicht stimmig sind, sind es doch vielleicht in sich und für andere Zusammenhänge als meine. Bin ich, ist meine Empfindung das Maß, an dem ich die energetische Balance der Welt messen darf?

*Geisteraustreibung im Regierungsgebäude*
*»Grönlands neue Regierung hat zwischen Weihnachten und Neujahr im Regierungsgebäude in Nuuk durch eine Geisteraustreiberin alle Regierungsbüros von ›negativer Energie‹ befreien lassen. Wie die Nachrichtenagentur Ritzau berichtete, sagte die Geisteraustreiberin Manguak Berthelsen über den Verlauf der Aktion: ›Mein inneres Ohr ist von all den Misstönen dort drin fast gesprengt worden.‹*
*Der Kanzleichef von Ministerpräsident Hans Enoksens hatte die auf alten Mythen basierende Aktion angeordnet, um das schlechte Klima zwischen einheimischen und aus Dänemark kommenden Mitarbeitern zu verbessern. Nun meinte er, die Einbeziehung aller Regierungsbüros sei vielleicht ein Fehler gewesen: ›Eigentlich wollten wir auch nur die negative Energie aus dem Büro des Regierungschefs und meinem vertrieben haben.‹*
*Nachtrag:*
*Wie die Medien berichten, ist die Koalitionsregierung von Grönland zerbrochen. Schuld daran sei eine von einem Mitarbeiter des Regierungschefs Hans Enoksen eingeleitete Geisteraustreibung in den Regierungsbüros.*
*Dieser hatte die Geisteraustreiberin Manguak Berthelsen beauftragt, die Räumlichkeiten von ›negativen Energien‹ zu befreien. Im Weiteren sollte sie dazu beitragen, das schlechte Be-*

*triebsklima unter den dänischen und einheimischen Bediensteten zu verbessern.*
*Der Forderung, besagten Mitarbeiter zu entlassen, wollte der Regierungschef nicht nachkommen.«*
NUUK / KOPENHAGEN, 6. Januar 2003 (dpa)

Was tun, wenn ich zwar nicht im Deutschen Bundestag, so aber doch im Ritualraum energetische Misstöne wahrnehme, die Menschen und die rituelle Handlung stören? Oder wenn ich in einem Raum ein Ritual ausführen möchte, der energetische Unruhe in sich hat, weil er von vielen verschiedenen Gruppen genutzt wird? Oder wenn aus vorhergehenden Ritualen, die mit der Begegnung von Geist zu tun hatten, Geister nicht verabschiedet wurden und sich noch im Raum aufhalten?

Ich mache es wie die grönländische Geisteraustreiberin und alle Schamaninnen und Ritualfrauen weltweit: Ich räuchere.

### Geistervertreibung im Ritualraum

– Räuchere mit innerer Aufmerksamkeit auf deine Absicht. Benutze dafür Pflanzen, Hölzer, Harze mit reinigenden, klärenden, das Dunkle vertreibenden Eigenschaften.[4]
– Öffne Fenster und Türen.
– Sprich die dir vertrauten, dich stärkenden und unterstützenden Kräfte an und fordere sie nachdrücklich auf, dir zu helfen bei deinem Anliegen.
– Beräuchere als Erstes dich selbst.
– Dann gehe mit laut gesprochenen rituellen Worten, die deine Absicht ausdrücken, von Raumecke zu Raumecke, wenn notwendig auch von Raum zu Raum.
– Sprich wiederholt mit rituellen Worten die Energien respektvoll an, die du im Raum als störend, ängstigend, bedrohlich empfindest.
Erweise ihnen Respekt für ihre Anwesenheit und Kraft und fordere sie dann nachdrücklich auf, zu gehen.

---

4 Literatur zum Thema »Räuchern« findest du in der Bibliografie.

Eine mögliche Aufforderung kann lauten:
*Ihr Kräfte, die ihr hier anwesend seid und nicht zu meinem Geist und auch nicht zum Geist meiner Arbeit gehört – ich respektiere eure Kraft.*
*Mit allem Respekt und mit Achtung: Ich fordere euch auf, diesen Raum zu verlassen, diese Menschen hier zu verlassen! Ihr seid nicht willkommen!*
*Geht! Geht! Geht dorthin, wo ihr willkommen seid!*
*Geht, ohne mich, meine Arbeit und die Menschen in diesem Raum zu stören, ohne mir oder ihnen ein Leid anzutun. Geht!*
– Anstelle des Räucherns kann auch mit einigen Tropfen Wasser oder Blütenessenz gesprenkelt werden oder Salz ausgestreut werden. Wasser und Salz sollten vor dieser rituellen Nutzung besprochen oder besungen werden mit der Absicht um Reinigung des Raumes von störenden Energien.
– Manchmal fällt es leichter, den Raum von störenden Energien zu reinigen, wenn die eigene Ritualmitte aufgebaut ist und man aus dem Schutz und der Stärkung der Ritualmitte heraus die Geisteraustreibung beginnt.
– Wird das Ritual im Freien ausgeführt, an einem Platz, an dem man energetische Unruhe oder negative Schwingungen verspürt, aber trotzdem dort bleiben will, kann außer eines Räucherrituals auch Trommeln, Rasseln oder Singen mit der Absicht heilsamer energetischer Wandlung die Störenergien in einem Wandlungstanz verwirbeln.

### *Geistervertreibung in peruanischen Kulturen*

*Schamanismus in Peru hat viele Gesichter. Sie sind von Region zu Region unterschiedlich, oft auch vermischt mit christlichen Attributen. Diese Vermischung entstand aus der Not der Unterdrückung der eigenen Kultur durch die katholische Kirche, war und ist eine soziale Überlebensstrategie.*
*In Nazca zeigte mir ein curandero (Heiler), wie er ein Haus von »schlechten« Energien reinigt: Er legt palo santo, ein balsamisch süß duftendes Räucherholz auf glühende Holzkohle. Wenn es brennt, streut er verschiedene Reinigungskräuter in*

*Kreuzform auf das brennende Holz. Dann geht er durch die Räume, räuchert von Ecke zu Ecke und sagt dabei: »Das Schlechte soll verschwinden und das Gute eintreten! So wie Jesus Christus in Jerusalem einzog, so zieht das Gute in mein Heim ein.«*
*Schamanen am Ucayali in Peru wandeln Erscheinungen von schlechten Energien hauptsächlich mit dem im Dschungel wachsenden Tabak, mit mapacho. Werden energetische Störungen in einer Hütte wahrgenommen – die sich in schlechten Träumen zeigen, in unerklärlichen Geräuschen oder Gerüchen –, dann zieht sich der Schamane tagsüber zurück, nimmt Tabak, pfeift zischelnd längere Zeit besondere Lieder, ikaros, über den Tabak, ohne ihn zu rauchen. Diese ikaros sind die Aufforderung an die störenden Geister, aus der Hütte zu verschwinden. Nach Einbruch der Dunkelheit geht der Schamane rauchend um die Hütte und in der Hütte herum, von Ecke zu Ecke, bläst den besungenen Tabak hörbar in die Luft. Danach ist wieder Frieden in der Hütte.*

### *Der stimmige Ort draußen*

Auch wenn Schamanismus gekennzeichnet ist durch bewusste Verbindung mit der Natur in all ihren Erscheinungen, heißt das nicht, dass ein schamanisches Ritual in der Natur stattfinden muss. Die meisten der von Schamaninnen durchgeführten Rituale, die ich erlebt habe, fanden in Räumen statt. Auch eine offene Hütte im Dschungel ist ein Raum. Es fällt in einem Raum leichter als im Freien, die Energie der Ritualgruppe aufzubauen, sie während des Rituals zu »halten« und gegen Störungen abzuschirmen. Im geschlossenen Raum ist es auch einfacher als in der Natur zu erkennen, aus welcher Wirklichkeit eine Wahrnehmung kommt. Bin ich im Raum und höre deutlich den Ruf eines Vogels, so kann ich mich dieser Wahrnehmung als einer Geist-Wahrnehmung im veränderten Bewusstseinszustand hingeben. Wenn ich dagegen während des Rituals draußen in der Natur einen Vogel höre, werde ich mich fragen, aus welcher Wirklichkeit der Vogelgesang kommt: Ist es ein Geistervogel oder ein natürlicher Vogel?

Ich empfinde nicht nur meinen Geist und meine Sinne, sondern auch meinen Verstand als ein großes Lebensgeschenk und nutze ihn auch gerne. Eine Grundaussage im Schamanismus lautet wie in anderen Weltanschauungen auch: Alles ist eine ungeteilte Wirklichkeit. Diese Aussage bezieht auch meinen Verstand und mein Urteilsvermögen mit ein.

*»Das Universum ist eine ungeteilte Ganzheit, die sich in einer fließenden Bewegung befindet.«*
David Bohm

Das gilt auch bei den ungewöhnlichsten, seltsamsten, unerklärlichsten Wahrnehmungen in schamanischen Ritualen. Wird in stockdunkler Nacht im Dschungel während eines Rituals die Hütte von einem Licht kurz erhellt, finde ich als Erstes heraus, ob jemand eine Taschenlampe benutzt hat. Wenn das nicht der Fall ist, dann habe ich zwar keine Erleuchtung erlangt, aber eine außerordentliche Wahrnehmung aus einer mir bislang unbekannten Wirklichkeit erfahren.

Einige Rituale erfordern es, draußen zu sein: wenn die unmittelbare Erfahrung der Qualitäten von Mond, Sonne, Feuer, Meer, See, Fluss, Quelle, dem Wind oder einem besonderen Platz in der Landschaft im Ritual wichtig sind.

Ob drinnen oder draußen – wichtig ist, dass die Menschen während des Rituals so wirksam wie möglich geschützt sind vor Störungen von außen, die Unsicherheit und Verwirrung in das Ritual tragen können.

Das bezieht sich sowohl auf nicht sichtbare und nicht hörbare energetische Störungen als auch auf sichtbare und hörbare Störungen.

Ich habe erfahren, dass es besonders bei schamanisch ausgeführten Ritualen in der Natur unbedingt notwendig ist, den »Geist der Wesen des Platzes«, seien sie sichtbar oder nicht sichtbar, respektvoll zu begrüßen. Ratsam ist es auch, sich selbst als Gast dieses Platzes vorzustellen. Verbunden mit dieser meiner ersten Handlung vor dem Ritual ist die Aufforderung an die Kräfte, die hier am Platz zu Hause sind, mich im Ritual wohlwollend und schützend zu unterstützen. Arbeite ich im Ritual mit Pflanzen, die in fremden Kulturen beheimatet sind, stelle ich dem Pflanzengeist des Platzes auch ausdrücklich die Gastpflanze vor.

Wenn es nicht möglich ist, sich den für das Ritual vorgesehenen Platz in der Natur vorher anzusehen, oder wenn man in einer fremden Umgebung den Ritualplatz spontan bestimmen muss, dann sollte unbedingt darauf geachtet werden, vor dem Ritual Zeit zu haben, um die Schwingung des Platzes zu erspüren.

Manchmal ist es ratsam, dass jemand die Arbeit einer Wächterin außerhalb des Ritualkreises übernimmt, um Störungen, zum Beispiel durch vorbeikommende Spaziergänger, zu vermeiden.

Ich habe die Erfahrung gemacht, dass fast immer, wenn ich mit einer Gruppe in der Natur oder an einem besonderen Ort (Steinkreis, Höhle usw.) ein Ritual vollzogen habe und Spaziergänger vorbeikamen, sie schon kurze Zeit, nachdem ich das Ritual begonnen hatte, wie durch Zauberhand wieder verschwanden.

Es kommt auch vor, dass sich Spaziergänger beim Anblick der Ritualgruppe hinsetzen, um sich das Ritual anzusehen. Dann unterbreche ich das Ritual, gebe einer der Ritualteilnehmerinnen meine Rassel und bitte sie, solange zu rasseln, bis ich wieder im Kreis bin. Ich gehe zu den Zuschauern und bitte sie freundlich, aber bestimmt, uns im Ritual alleine zu lassen. Jede Zuschauerin, auch wenn sie noch so zurückhaltend und interessiert ist, verändert das Ritual.

Ein spirituelles Ritual ist durch Zuschauen nicht zu verstehen. Wer meint, etwas von einem beobachteten Ritual verstanden zu haben, verwechselt das Klappern der Schreibmaschine mit den geschriebenen Worten.

»*Wenn man ein Seher ist, braucht man kein Beobachter zu sein.*«
Marie von Ebner-Eschenbach

*Lärm als Lehrmeister*
Wenn ich zurückblicke auf einige Ritualsituationen, in denen ich mit von außen eindringendem Krach konfrontiert war, staune ich

heute noch darüber, dass Krach von außen durchaus auch die Wirkung des Rituals konzentrieren und verstärken kann.

Mehrfach brachten mich in nächtlichen, sehr bewusstseinserweiternden Ritualen im Dschungel Perus unerträglich laut plärrende Radios aus den Nachbarhütten fast in einen gereizten, nervösen Zustand – aber nur fast, dann legte sich mein Wahrnehmungsschalter um, und ich nahm das Radiogeschrei nicht mehr wahr. Das unvermutet brüllende Radio – ein guter Lehrmeister!

Ein fast fünfzehn Minuten im Leerlauf dröhnender Motor eines Schwerlasters bei uns im Dorf brachte erst die Teilnehmerinnen in einem tiefnächtlichen Heilritual auf unserem Grundstück zum Erzittern, dann zum Lachen, und dann in ein innerliches stilles, tiefes Erleben.

Mein Ritualstörungs-Überwindungs-Meisterstück war die Herausforderung während eines Ritualtags in Berlin-Marzahn, als über dem Ritualraum im Betonwürfel-Gemeinschaftszentrum am Nachmittag die Jugenddisco zu wummern begann. Ich konzentrierte mich intensiv auf das Ritual und versank dadurch so tief in einen veränderten Wahrnehmungszustand, dass nach einer Weile weder die Teilnehmerinnen noch ich die Disco mehr wahrnahmen. Wir waren in so einer hohen Aufmerksamkeit, dass ich das erste und hoffentlich letzte Mal in meinem Leben drei Trancerituale an einem Tag anleitete, anstelle der üblichen zwei. Bellen Hunde, knattert nebenan der Rasenmäher, übt im Raum über mir eine Trommelgruppe oder weht der Wind laute Discoklänge aus dem Nachbardorf in meine Ohren, während ich im Wald sitze und Stille suche – dann verändere ich meine Wahrnehmung darauf, konzentriert in meinem Tun zu sein, sei es ein Ritual, eine Trance, eine Übung. Ich lausche in mir dem Rhythmus meines Herzschlags, weite durch dieses Lauschen auf meinen Körper und durch bewusste Atmung meinen inneren Raum – und handle dann in ihm und aus ihm heraus. Wenn ich in »meinem Weltinnen-Raum« bin, erreicht mich die Außenwelt nicht mehr als Störung.

## Das Ritual – Der Beginn

Einfache Dinge, das Reduzieren auf das Wesentliche ist nicht nur ein heilsam klärendes und zentrierendes Prinzip im alltäglichen Leben, sondern ist es auch bei der Vorbereitung auf ein Ritual der Wandlung.

Die wahrhaft heilsam wirkenden Menschen – gleich in welcher Art und Weise sie wirken und wie sie genannt werden –, denen ich in meinem Leben begegnet bin, zeichnen sich durch Einfachheit und Bescheidenheit dem eigenen Tun gegenüber aus. Als ich mir dessen bewusst wurde, hat es mich nicht länger gewundert, dass es bei den Sufis heißt: »Die wahren Wahrheitssucher sind Liebhaber der Einfachheit.«

> *»Wahrheit aber, die allein das Ergebnis von Denkvorgängen, von rationalen Überlegungen ist, ist nicht effektiv genug, um in unserem Leben zu einem entscheidenden Faktor zu werden. Nur wenn Wahrheit von einer existentiellen, emotionalen Erfahrung begleitet ist, wird diese stark genug, um unsere Weltsicht beeinflussen und verändern zu können.«*
> Dr. Albert Hofmann (1906–2009), Chemiker, Bewusstseinspionier

Immer wieder neu einen Blick zu werfen auf diejenigen, von denen ich gelernt habe oder auf deren Wirken ich mich beziehe, kann ein hilfreicher Richtungsweiser sein bei dem Herausfinden des eigenen Ritual-Vorbereitungsweges.

Schamaninnen in allen Völkern, die in ihren Gemeinschaften leben und wirken, haben deutliche Orientierungsspuren für »westliche« Ritualfrauen hinterlassen:

Die Schamaninnen der Völker am Amazonas in Peru bereiten sich für das nächtliche Ritual mit einer Diät am Tag des Rituals oder auch schon einen Tag früher vor. Sie meiden an diesem Tag Menschenansammlungen; sexuelle Enthaltung vor und nach dem Ritual ist selbstverständlich.

Der Shipibo-Schamane Reshin Nika beginnt das Heilritual mit einem langen Gesang, in dem er immer wieder die Worte singt: »Ich werde die Kraft haben zu heilen, ich werde die Kraft haben zu heilen.«

Er besingt seine eigene Kraft solange, bis er es spürt, dass er in seiner Kraft ist. Im bewussten Zustand der eigenen Kraft ist er in der Lage, die Geister zu rufen und ist bereit dafür, mit ihnen heilsam zu wirken.

Auf das Grabmahl der mexikanischen Schamanin Maria Sabina (1894–1985) wurden einige ihrer Gesänge eingraviert. Darunter ist auch ein Gesang, mit dem sie ihre Kraft besungen hat:

*»Frau Meteor bin ich*
*Frau Stern bin ich*
*Frau Adler bin ich*
*Eine weise Medizinfrau bin ich*
*Eine Kennerin der Pflanzen bin ich«*

In Nepal bereiten sich die Schamaninnen auf ein nächtliche Ritual fast immer mit Fasten (je nach Art des Rituals, unter anderem kein Fleisch, keine Milch) und rituellen Waschungen vor. Das Ritual beginnt mit der leise gemurmelten Anrufung der Ahnen und der Bitte um Schutz.

Ein Heilritual beginnt nach der Anrufung immer mit der Frage an den Patienten: »Möchtest du wirklich, dass wir das Ritual für dich machen?«

Diese ausdrückliche Zustimmung des Patienten ist notwendig, denn ein Heilritual darf nie gegen den Willen eines Menschen vollzogen werden.

Sie gehen »auf Reise«, um nach den Ursachen der Störung im Patienten zu sehen, indem sie innerlich ihr Reisemantra sprechen, den Rauch von Wacholder und *sal* einatmen, singend und trommelnd erzählen, was sie gerade tun und wo sie sind.

Auch Schamaninnen in Nepal besingen und stärken ihre eigene Kraft und erwecken durch das Aufwachmantra die Kraft des Platzes, ihres Altars, ihrer Schamanenkrone und ihres Gewandes, ihrer Ritualgegenstände, der Himmelsrichtungen, Elemente, Götter und der sie unterstützenden geistigen Kräfte.

*»Ich selbst erwecke mich von innen!*
*Alles zusammen, mein Wissen (Intuition)*
*und meine spirituelle Kraft – erwacht!*
*Ich bin bereit! Ich bin bereit! Ich bin bereit!«*

An der Küste Perus verwenden die *curanderos* große Aufmerksamkeit und Zeit darauf, den für das Heilritual notwendigen heiligen Raum aufzubauen. In dem »Ritual zum Aufbau der Macht« vor dem eigentlichen Heilritual weckt und stärkt der *curandero* seine eigene Kraft und die Kraft seiner Ritualgegenstände, der *mesa*. Die *mesa* ist nicht nur eine Ansammlung unterschiedlichster Ritualobjekte, sondern auch ein Abbild des alten Kosmos der Ureinwohner der Küste und Berge Perus. Durch die intensive Vorbereitung mit Liedern, Anrufungen, Gebeten und Einnahme von Tabaksud durch die Nase, der »sehend« macht, wird der *curandero* selbst und die *mesa* zu einer Art Sender, der es möglich macht, Mensch und Kosmos magisch zu vereinen.

Die Art der Vorbereitung auf ein Ritual sollte der Ritualausführenden entsprechen. Erspüre bei den Ritualinspirationen zur Vorbereitung, welches dein Vorbereitungsweg ist.

Ich bewege mich gerne – deshalb bezieht sich die erste Vorbereitungsinspiration auf einen Spaziergang.

 **Die Vorbereitung: ein sinnenfroher Spaziergang**
Wenn möglich, bereite ich mich auf das Ritual vor, indem ich einen Spaziergang durch den Wald oder über die Wiesen mache und dabei nach und nach ruhig und zentriert bin. Gerne pflücke ich bei diesem stillen Gang einen der Jahreszeit entsprechenden Strauß für die Ritualmitte.
Entscheidend dabei ist die innere Aufmerksamkeit auf das bevorstehende Ritual. Ich gebe in jede Blume beim Pflücken eine Bitte, einen Wunsch für das Ritual. Mit in den Strauß gehören für mich auch Pflanzen, Äste, Blätter, mit denen ich einen Dank an das Leben verbinde.
Wenn dieser Strauß in der Ritualmitte steht, ist er etwas anderes als »ein Strauß«. Er ist nun ein Träger von energetischen Infor-

mationen, sein Anblick stärkt mich in meinem rituellen Wirken. Das ist auch so, wenn er nur aus Stroh und Gras bestehen sollte!
– Wenn ich zu Beginn des Rituals eine rituelle Waschung ausführen möchte, sammle ich dafür draußen die Blüten und Blätter, die mir gut tun und die mich ansprechen.
– Ob ritueller Strauß oder rituelle Waschung – jeder meiner äußerlichen Schritte in der Vorbereitung führt mich tiefer auf das Ritual zu. Mit jedem Atemzug auf meinem Spaziergang öffne ich mich bewusst für das, was im Ritual geschehen wird – was es auch sei.
– Begegnen mir auf diesem Ritual-Vorbereitungsweg Pflanzen, Steine, Federn, Hölzer, die mich »rufen«, so lade ich sie ein, Teil meiner Ritualmitte zu werden. Ich spüre nach, bevor ich sie mitnehme, ob es energetisch auch wirklich stimmt, oder ob ich in die Gefälligkeitsfalle tappe: Das gefällt mir, das nehme ich mit.
– Die Gestaltung einer Ritualmitte ist für mich ein sehr wichtiger Teil der Vorbereitung. Durch sorgsames äußeres Gestalten und Zusammenstellen der Ritualobjekte und Pflanzen gebe ich meiner inneren Absicht einen Ausdruck. Das vorbereitende Tun zentriert mich und webt mich in das geistige Feld des Rituals ein.

Der Beginn des Rituals ist Schließen und Öffnen zugleich: Das Schließen des Ritualkreises zur äußeren Welt hin macht das Öffnen der Tore zur inneren Welt möglich.

Der Beginn des Rituals sollte auch immer einen Moment beinhalten, in dem du bewusst spürst, dass du in dir zentriert bist. Wenn du in diesem bewussten Wachzustand bist, bist du in der Lage, den Segen und die Unterstützung für dein Tun aus allen geistigen Ebenen zu empfangen. Du bist bereit. Du bist offen.

*»Plötzlich ist es da,*
*schlägt alles in den Bann,*
*und hat seinen großen Auftritt.*

*Hab ich es getan?*
*Wie ist es geworden?*

*Es geschieht.*
*Es gibt niemanden, der darüber verfügte.*
*Öffne dich*
*– andres kannst du nicht tun –*
*Wie ein Gefäß, bereit, zu empfangen!*«
Ernst Schönwiese, Antworten in der Vogelsprache

Um dich immer wieder in diesen Zustand des Bereitseins versetzen zu können, finde die für dich stimmige Art des Ritualbeginns durch die Erfahrung unterschiedlicher Vorgehensweise heraus:

 **Die Vorbereitung im Ritual: Reinigung und Schutz**
*Rituelle Waschung* mit Pflanzen oder Essenzen, die energetisch reinigende und/oder schützende Wirkung haben:
– Schau, welche Pflanzen sich dir anbieten, stärkende energetische Begleiter zu sein.
Wenn möglich, stelle das Wasser mit den Blättern, Blüten, Essenzen vor dem Ritual eine Weile in die Sonne.
– Bevor du dich mit dem Pflanzenwasser wäschst, hauche dreimal deinen Atem in das Wasser und verbinde mit jedem Atemzug die Absicht: *energetische Reinigung und Klarheit.*
– Übergieße dreimal deine Hände, streiche dann mit den feuchten Händen über Gesicht und Haare. Führe diese Waschung sorgsam aus. Konzentriere dich darauf, dass sich durch das Pflanzenwasser alles von dir löst, was dich daran hindern könnte, mit freiem Geist und der Bereitschaft zum Wandel in das Ritual zu gehen.
*Räucherung mit Pflanzen, Harzen,* die ebenfalls die Qualität haben, von störenden Energien zu reinigen und zu schützen:
– Die Beräucherung deiner selbst, der beteiligten Menschen und des Raumes gehört zum Beginn des Rituals. Diese Handlung macht die Absicht, willentlich einen anderen geistigen Raum zu betreten, sinnlich erfahrbar.
Der Rauch zieht eine unsichtbare Wand zwischen dir und der Alltagswelt, lässt die Anhaftungen aus der Alltagswelt in »Rauch aufgehen«.

*Wenn es nicht möglich ist, im Raum zu räuchern:* Außer mit einer rituellen Waschung kannst du dich auch folgendermaßen auf das Ritual vorbereiten:
– Reinigende Kräuter fein zerreiben und in die Hand nehmen. Bewusstes Einatmen des Kräutergeruchs, Zerreiben der Kräuter zwischen den Handflächen, durch Gesicht und Haare fahren mit den Kräuterhänden.
*Schutzkreis:* Ziehe einen sichtbaren Kreis aus Kreidestaub, Mehl, Schnaps, Schutzkräutern, so dass er alle Ritualteilnehmerinnen umschließt. Du kannst den Schutzkreis auch ziehen, indem du ihn mit Wasser sprenkelst, mit der Räucherung den Kreis beschreitest, ein Schutzlied singst, summst oder pfeifst oder den Schutzkreis mit Rassel- bzw. Trommelklang oder dem Anschlagen einer Klangschale, Zimbel, Glocke aufbaust.
Muss während des Rituals jemand den Kreis verlassen, ist anzuraten, den Kreis mit einer kleinen Öffnung sichtbar zu unterbrechen, die Öffnung nach Verlassen des Kreises zu schließen – bei Rückkehr in den Kreis ebenso vorgehen: öffnen und schließen.
*Rituelle Worte:* Sie haben starke Wirkkraft in der Einstimmung auf das Ritual, wenn sie mit innerer Präsenz laut ausgesprochen werden. Nicht ohne Grund durchziehen Zauberworte und magische Formeln unsere Märchen, Hexenbücher und Schamanenwelten. Wichtig ist, dass du in dem Moment, in dem du die rituellen Worte aussprichst, im Sprechen vollkommen präsent bist. Höre dir selbst zu, wenn du die rituellen Worte sprichst, höre die Worte auch in dir, nicht nur über die Ohren.
Rituelle Worte, um den Ritualkreis nach außen zu schließen und den geistigen Raum für die Ritualgemeinschaft bewusst zu öffnen und aufzubauen, können sich beispielsweise so anhören:

*Das ist der Kreis der Frauenkraft*
*Das ist der Kreis der Wirkung erschafft*
*Dies ist der Kreis der ohne Ende*
*Verwandlung gibt in meine Hände*
*(dabei sich an den Händen fassen)*
Rituelle Worte übermittelt von Marie Sichtermann, Ritualfrau.

Aufmerksam habe ich Schamaninnen gelauscht, wenn sie zu Beginn ihrer Rituale sich dafür bereit gemacht haben, ihre eigene Geisteskraft aufzuwecken, ihre Heilkraft zu stärken und ihre geistigen Verbündeten zu rufen. Sie haben gesungen, gemurmelt, gepfiffen. Sie haben ihre geistigen Verbündeten angesprochen und gerufen – aber keine von ihnen hat gebittet oder gebettelt, damit sie kommen und sie in ihrem Wirken unterstützen.

»Hört mich! Hörst du mich? Hört auf mich und vernehmt mich! Höre mich, gewähre mir! Komm! Achte auf meine Beschwörung!« sind einige dieser sehr entschieden geäußerten Aufforderungen an die geistigen Kräfte.

Geist verbindet sich mit Geist – sie sind verschieden in Qualität und Form, aber keiner ist Herrscher und keiner ist Untertan. Geist begegnet Geist.

Ermutigt und inspiriert durch die Art der Schamaninnen, Kraft zum Wirken nicht zu erbitten, sondern sich der eigenen Kraft bewusst zu sein und sie zu wecken, hat sich nach und nach in mir mein eigener Gesang mit eigenen Worten zum Erwecken meiner Kraft entfaltet.

Je nach Situation singe ich zu Beginn eines Rituals, das ich selbst durchführe, hörbar oder auch innerlich das Lied zum Öffnen und Bestärken meiner Kraft:

*Ich werde in meiner Kraft sein*
*Mein Geist wird klar und stark sein*
*Mein Herz wird offen und stark sein*
*Mein Geist wird den Geist der Menschen berühren*
*Mein Herz wird das Herz der Menschen berühren*
*Ich werde heilsam wirken*
*Ich werde in meiner Kraft sein*

Wir sind verkörperter Geist – deshalb ist es in heilsamen Ritualen, in denen ich bewusst eine Begegnung von Geist zu Geist bewirken möchte, besonders wichtig, sich des eigenen Körpers bewusst zu sein, im Körper zu sein, Körper zu sein. Der Körper ist ein weit gefächertes Instrument der Wahrnehmung. Je sorgsamer ich auf die

Töne meines Körpers lausche, je sorgsamer ich lerne, dieses kostbare Instrument zu »spielen« und seine ganze Klangfülle entstehen zu lassen, desto intensiver kann mein verkörperter Geist in Schwingung gehen mit den Schwingungen anderer Geist-Instrumente.

Das ist ein Grund, weshalb ich mich auch über einfache Übungen vor dem Ritual in meinem Körper zentriere und meine Aufmerksamkeit darauf richte, mein Körperinstrument zu empfinden.

Es ist wichtig, in der Körperempfindung verankert zu sein und sich wahrzunehmen, erst dann kann ich willentlich und wirksam in Kommunikation treten mit dem, was im Ritual geschieht. Diese Ankerung im Körper verhindert, sich im Ritual in Illusionszuständen zu verlieren oder Wunschvorstellungen zu produzieren, anstatt zu erkennen, was »wirklich« ist.

Begleiten mich Teilnehmerinnen im Ritual, rassle oder trommle ich zusammen mit ihnen (sonst auch für mich alleine) im schnellen Rhythmus von 210 bis 230 Schlägen pro Minute. Dieser Rhythmus bewirkt die Öffnung für das Erleben eines veränderten Wachbewusstseinszustands, den Theta- und auch den tiefentspannten Deltazustand (das Wissen um die Wirkung dieses schnellen Rhythmus beruht auf meiner langjährigen Erfahrung mit der Methode »Rituelle Körperhaltungen und ekstatische Trance« nach Dr. F. Goodman).

Nach diesen Vorbereitungen bin ich bereit zu wirken und Wirkung zu empfangen. Ich bin zugleich Sender und Empfänger von Energien und Geist.

Die nun folgende Anregung, ein Ritual zu beginnen, ist aus meiner jahrelangen Arbeit gewachsen und soll nicht zur wort- bzw. handlungsgetreuen Nachahmung anregen, sondern ist ein Beispiel zur eigenen Findung des stimmigen Ritualbeginns. Diese Art, wie ich selbst das Ritual beginne, erfordert einige Vorerfahrung mit Ritualen. Für die ersten Annäherungen zur Durchführung eigener schamanisch orientierter Rituale empfehle ich nachdrücklich, kleine Schritte zu machen: einfache rituelle Handlungen und einfache Worte. Die Wirkung eines Rituals hängt nicht ab von

komplizierten magischen Worten oder spektakulären Handlungen. »Viel« ist nicht mächtiger als »wenig«.
Sage und handle nur das, was du selbst in dem Moment bist. Wenn du das bist, was du tust, wirst du in deiner Kraft sein. Wenn du in deiner Kraft bist, in deinem Zentrum, wirst du wirkungsvoll sein.
Es erfordert mehr Mut, bewusst einfach zu sein als es erfordert, um Ritual-Theater zu spielen.
Eine einfache rituelle Anrufung der Kräfte, mit denen du dich bewusst zur Unterstützung deines Rituals verbinden willst, könnte beispielsweise so lauten:

*Ihr heilsamen Kräfte des Nordens,*
*Ihr heilsamen Kräfte des Westens,*
*Ihr heilsamen Kräfte des Südens,*
*Ihr heilsamen Kräfte des Ostens,*
*(die Reihenfolge bestimmst du)*
*Ihr heilsamen Kräfte der Erde,*
*Ihr heilsamen Kräfte des Himmels,*
*Ihr heilsamen Kräfte des Windes,*
*Ihr heilsamen Kräfte des Wassers,*
*Ihr heilsamen Kräfte des Feuers,*
*Ihr heilsamen Kräfte der Pflanzen,*
*Ihr heilsamen Kräfte der Tiere –*
*Ich rufe euch! Kommt!*

Je nachdem, wie es für die Ritualausführende stimmt, können auch Bezeichnungen hinzugefügt werde wie: Mutter Erde, Vater Himmel, Bruder Wind, Schwester Wasser, Großmutter Feuer.
Nimm dir Zeit, erspüre, welche Worte und Zuordnungen stimmen. Höre dir zu, wenn du deine Anrufung sprichst. Dann wirst du wissen, ob du das bist, was du sagst.

Das ist meine Weise, ein schamanisches Ritual zu beginnen:
Das Ritual beginne ich nach der Räucherung, indem ich nach links herum, zum Herzen hin, die Ritualmitte umkreise. Rasselnd

und pfeifend rufe ich den Geist und die Kräfte herbei, die mir vertraut sind, mit denen ich mich jetzt erneut verbinden will. Ich rufe sie, damit sie mich in meiner Ritualarbeit heilsam unterstützen, zu meinem Wohl und zum Wohl der Menschen, die mit mir im Kreis sind. Nach jeder Anrufung verbeuge ich mich und verspritze aus einem Horn einige Tropfen des rituellen Wodkas.

### Rituelle Anrufung

Komm,
Geist der Ahnen, geliebt und geachtet!
Ich lade dich ein, mein Gast und Begleiter zu sein.
Komm!

Komm!
Vogelfrau, Reiterin der Lüfte, Hüterin des neuen Tageslichts.
Komm!
Lass mich auf deinem Rücken reiten,
lehr mich den klaren Blick in die Weiten.
Und lehr mich verstehn den Kreislauf der Erneuerung,
den Kreislauf des Vergehns.
Komm!

Komm!
Waldfrau, Hüterin der Tiere, Alte mit den grauen Haaren.
Komm!
Lass mich in Pflanzen und Tieren die Erde erfahren.
Zeig mir verborgene Wege zwischen den Hecken.
Und lass mich aus deinem großen Kessel des Wissens
schmecken.
Komm!

Komm!
Wasserfrau mit den schwarzen Haaren, Hüterin der Dunkelheit.
Komm!
In deinem Schoß schlafen die Träume,

in deinen Tiefen schläft die neue Zeit.
Lass mich trinken aus deiner Quelle der Einsicht und des
Verstehns
und lass mich im Spiegel des Sees meine Seele sehn.
Komm!

Komm!
Feuerfrau mit den roten Haaren, Schlangenfrau auf dem
Sonnenwagen.
Komm!
Zwischen Feuer und Feuer sind Neid, Gier und Hass verbrannt.
Zwischen Häutung und Häutung ist das Mitgefühl entflammt.
Schür immer wieder neu in uns der Liebe Glut
und mache uns Mut, mit den Augen des Kindes zu schauen.
Komm!

Kommt!
All ihr sichtbaren und nicht sichtbaren Kräfte
aus all den sichtbaren und nicht sichtbaren Welten,
die ihr mir wohlgesonnen seid.
Kommt!

Die sollen kommen, die kommen wollen.
Die sollen gehen, die gehen wollen.
Und die sollen bleiben, die bleiben wollen.
Ohne mir ein Leid anzutun.

Und ihr –
Kräfte der Krankheit, der Zerstörung und des Todes:
auch ihr seid ein Teil des Lebensgeflechts
und ich erweise euch meinen Respekt!

*Nach dieser Vorbereitung beginne ich das gewählte Kernritual der Wandlung. Inspirationen für diese Rituale der Wandlung findest du im nächsten Kapitel – oder du führst nach der Vorbereitung ein eigenes Ritual aus, das für dich in deiner Situation stimmig ist.*

*Vogelfrau*

*Waldfrau*

*Wasserfrau*

*Feuerfrau*

Rituale der Wandlung

## Das Ritual – Der Schluss: das Öffnen des Kreises

Das Öffnen des Ritualkreises zur äußeren Welt hin ist das Schließen der Pforte im Zaun zur inneren Welt hin. Ich verabschiede mit Dank die geistigen Kräfte und trete wieder in meine alltägliche Wirklichkeit ein.

Ausdrucksformen für diesen bewussten Wechsel der Welten können sein:

 **Das Öffnen des Kreises**
– Umschreite dreimal den Kreis im Sonnenlauf.
Hast du einen sichtbaren Kreis gezogen, umschreite ihn innerhalb des Kreises und verabschiede dabei hörbar die Kräfte, die im Ritual gewirkt haben, bedanke dich bei ihnen. Fordere sie auf, zu gehen – jetzt! Entferne den sichtbaren Kreis. Das hörbare Verabschieden ist wichtig, wenn es Teilnehmerinnen am Ritual gibt. So wissen sie, dass die Kräfte verabschiedet sind, Unsicherheiten in Bezug auf die An- oder Abwesenheit der Geister können so vermieden werden.
– Versprenkle einige Tropfen Alkohol oder Wasser, werfe Mehl in die Luftblase Tabakrauch in die Luft – in alle Himmelsrichtungen, nach oben und nach unten. Bedanke dich hörbar bei den Kräften, die im Ritual gewirkt haben und fordere sie auf, zu gehen – jetzt!
– Wenn du in einem Raum bist, öffne Fenster und/oder Tür.
– Das Öffnen des Ritualkreises zur alltäglichen Wirklichkeit hin kann auch durch Worte und Bewegungen ausgedrückt werden, beispielsweise so:
Die Ritualteilnehmerinnen fassen sich an den Händen, die Ritualleiterin spricht:
*Und offen ist der Kreis. Meine Hände berühren die Erde.*

Dabei mit den gefassten Händen die Erde berühren, dann aufrichten nach oben, die Arme mit den gefassten Händen hoch zum Himmel strecken. Dabei sagt die Ritualleiterin:

*Den Himmel, die Göttin. So sei es!*

Dann lösen sich die Hände wieder voneinander, jede hält noch einen Augenblick lang für sich allein ihre Arme mit offenen Händen hoch in den Himmel.
(»Göttin« wird gesagt, wenn man eine Frau an den Händen hält. Hält man einen Mann an den Händen, heißt es selbstverständlich »Gott«!)
*Übermittelt von Marie Sichtermann, Ritual-Fachfrau.*

Meine Rituale schließe ich, indem ich mich bei den im Ritual wirksam gewordenen Kräften bedanke, sie zum Gehen auffordere und ihnen »Wegzehrung« als Dank mitgebe: Ich versprühe mit dem Mund etwas Alkohol. Am liebsten mögen sie bei mir den Wodka, Mehl aller Art wurde von den Heide-Geistern nicht so begeistert angenommen ...
Danach öffne ich den Kreis für den Eintritt in die alltägliche Welt mit den Worten:

*Lasst uns gehen mit Segen und Schönheit vor uns.*
*Lasst uns gehen mit Segen und Schönheit hinter uns.*
*Lasst uns gehen mit Segen und Schönheit über uns.*
*Lasst uns gehen mit Segen und Schönheit unter uns.*
*Lasst uns gehen mit Segen und Schönheit in uns.*
*Lasst uns gehen mit Segen und Schönheit in unseren Gedanken.*
*Lasst uns gehen mit Segen und Schönheit in unseren Worten.*
*Lasst uns gehen mit Segen und Schönheit in unseren Werken.*
*Möge es allen Wesen gut ergehen!*

In vielen der innerasiatischen schamanischen Traditionen wird große Aufmerksamkeit auf das Verabschieden der Geister bei Beendigung eines Rituals gelegt. Oft dauert die Verabschiedung länger als die Einladung der Geister und Kräfte.

»Als die Geister gegangen waren, schamanisierte der Schamane drei Tage und drei Nächte, um die Jurte wieder in die gewohnte Ordnung zu bringen«, wird in einer Erzählung über einen

Jakuten-Schamanen »aus alter Zeit« erzählt. Ganz so lange muss es vielleicht nicht dauern, um das innere und äußere Haus nach einem schamanischen Ritual wieder »in der gewohnten Ordnung« zu haben ...

Doch seitdem es mir geschehen ist, dass Menschen, in deren Raum ich ein Ritual mit schamanischen Methoden durchgeführt hatte, nachts senkrecht im Bett gesessen hatten und mir sehr überzeugend erklärten, »etwas« sei in ihrem Raum gewesen und hätte sie nicht schlafen lassen – seitdem achte ich sehr aufmerksam darauf, Geister und Kräfte zu verabschieden und so die Welten der Wirklichkeiten in mir zu trennen. Ich muss gestehen, dass ich vergessen hatte, die Geister und Kräfte, die ich gerufen hatte, wieder zu verabschieden. Nun wandert häufig bei Beendigung eines Rituals der jakutische Schamane durch meinen Raum mit einem großen Geisterbesen – und ich habe es genau gesehen: Er zwinkert mir zu!

## Gedanken über das rituelle Danken

Wie eine Ritualausführende ihr Ritual beendet, dafür gibt es aus der Welt des Geistes und der Geister keine allgemein gültige Vorschrift – jedenfalls haben sie mir noch keine zugestellt. Die Art des Abschlusses und auch die Art der Dankesgabe an die Kräfte sollten übereinstimmen mit dem Wesensklang der ausführenden Ritualfrau.

Nehmen mehrere Menschen an einem Ritual teil, empfehle ich, auch die anderen darauf aufmerksam zu machen, dass der Dank – ob innerlich, ob sichtbar oder hörbar – an die Kräfte, die im Ritual gewirkt haben, eine nicht zu unterschätzende Auswirkung auf die Wirkung des Rituals in jeder hat.

Auch in Bezug auf die Wichtigkeit der erwiesenen Achtung gegenüber erhaltenen Gaben und ihren Gebern aus der Anderswelt finden sich in alten Märchen Spuren dieses Wissens. Beliebt ist das Thema, dass jemandem von einer Zauberkundigen oder einem in einen Menschen verwandelten Geist, zumeist ein Waldgeist, etwas geschenkt wird (Kohlen oder Holz). Der so Beschenkte achtet es aber als nichts wert, wirft es fort. An den Resten, die er später in seinen Taschen findet, erkennt er den wahren Charakter des fortgeworfenen Geschenkes: nicht Kohlen oder Holz, sondern Gold.

Bewusster Dank als Ausdruck der Achtung gegenüber den im Ritual erfahrenen Geschenken aus der Ebene des Geistes festigt und stärkt die im Ritual initiierte Wandlung.

*Besprühen und Beprusten – Alkohol für die Geister*
*Das Verprusten von Alkohol in schamanischen Ritualen ist in vielen Traditionen üblich.*
*Mohan Rai, der Begründer des »Shamanistics Studies and Research Centre« in Kathmandu, erklärte mir dazu:*
*»Wenn eine Schamanin auf Reisen geht in die geistige Welt, dann nimmt sie gerne einige Tropfen Alkohol in ihrem Mund mit. In der geistigen Welt gibt es keinen Alkohol, aber die Geister lieben ihn. In ihrer Welt wandelt sich ein Tropfen davon in einen ganzen See. Sprüht die Schamanin diese Tropfen dann auf ihrer Reise aus, stürzen sich die Geister begierig darauf und stören oder belästigen die in ihrer geistigen Welt Reisende nicht ...«*

*In einigen sibirischen Schamaninnen-Traditionen wird durch das Beprusten mit Alkohol zur Beendigung eines Heilrituals der Geist der Krankheit endgültig fortgeblasen.*

## Links herum, rechts herum?

Bestandteil eines Rituals ist immer eine rituelle Bewegung, eine rituelle Geste. Viele Ritualausführende drehen sich bei der Anrufung oder anderen rituellen Handlungen in eine bestimmte Richtung, gehen im Kreis oder drehen sich um die eigene Achse.

Oft werde ich gefragt: Welche Richtung ist richtig, wenn ich mich im Kreis bewege oder mich drehe: links herum oder rechts herum? Richtig ist, was für die Ausführende stimmig ist. Wenn die Richtung »schon immer so gemacht wurde« oder so gewählt wurde, weil man es so gelernt hat – dann ist es ratsam, nach einer

Zeit der selbstständigen Ritualarbeit bewusst nachzuspüren, ob die gewohnte Art immer noch übereinstimmt mit dem, wie ich heute arbeite, mit der, die ich heute bin.

Über dieses Nachspüren hinaus kann es hilfreich sein zu wissen, welche Zuordnungen und Bedeutungen aus Gehirnforschung und schamanischen Ritualkulturen hinter dem »rechts herum – links herum« stehen.

Noch klüger ist es, beide Bewegungsrichtungen im Ritual auszuprobieren und aufmerksam wahrzunehmen, was die jeweilige Richtung in mir und den Teilnehmerinnen bewirkt.

Schamaninnen vom sibirischen Volk der Jakuten drehen sich im Sonnenlauf, rechts herum, dreimal um die eigene Achse, um böse Geister zu vertreiben. Überlieferungen aus dem Brauchtum des schottischen Hochlands berichten von der Sitte, dreimal im Sonnenlauf das zu umrunden, was man vor bedrohlichen Kräften schützen will.

Genau andersherum, aber mit der gleichen Absicht zur Vertreibung von bösen Geistern und zur Reinigung von Geistesgiften, drehen sich die Mönche beim Tempeltanzfest in Trongsa in Bhutan, einem kleinen Himalayastaat, in dem noch viele Spuren des Schamanismus im dort praktizierten Buddhismus zu finden sind. Zu den schnellen Schlägen einer Trommel drehen sie sich so lange um die eigene Achse nach links, zum Herzen hin, bis sie gewandelt sind: gereinigt von allen Geistesgiften. Durch den Wechsel der Drehung links-rechts-links bringen sie sich in den Zustand der Neutralität.

Einige dieser Zuordnungen zu den Rechts-links-Wirkungen gebe ich hier wieder. Diese Zusammenstellung bezieht sich auf meine Erfahrungen mit Gruppen und auf Ergebnisse der Gehirnforschung.

1. Bei Drehung um die eigene Achse nach links, zum Herzen hin, gegen den Lauf des Uhrzeigers:
– Vorwiegende Aktivierung der rechten Gehirnhälfte: Intuition, Kreativität, Sensitivität, Zentrierung, Emotionalität, zusammen-

fügen, vernetzen, Einsichten und Idee, Betrachtung des Ganzen, das Subjektive.
– Wenn sich die ganze Gruppe im Kreis nach links bewegt, bewirkt es eine Intensivierung der Verbundenheit mit der Gruppe, eingeleitete Prozesse kommen in größere Tiefe.
– Die Mevlevi-Derwische und auch die Mönche in Bhutan, das befruchtete Ei im Mutterleib: Sie drehen sich links herum. Links herum ist auch die klassische Hexenrichtung.

2. Bei Drehung um die eigene Achse nach rechts, im Lauf des Uhrzeigers:
– Vorwiegende Aktivierung der linken Gehirnhälfte: waches Tagesbewusstsein, Analyse, Logik, Denken, Erlernen neuer Dinge, Beschäftigung mit Einzelheiten, Introvertiertheit, das Objektive.
– Wenn sich die ganze Gruppe im Kreis nach rechts bewegt: Auflösung von Konzentrierung und Gruppenverbundenheit, Rückgang von gesteigerter Aufmerksamkeit.

## Klang, Worte und Gesten als wirkungsvolle Ritualwerkzeuge

Schamaninnen wissen um die Macht und Wirkung ihrer Zaubergesänge, in denen sie sich mit dem Geist und den Informationen von Pflanzen, Tieren und Geistern verbinden. Alles Lebendige hat seinen besonderen Gesang, seine unverwechselbare Schwingung.

Ob ich in der Begegnung mit dem Eisenkraut dessen Lied vernehme und es singe, wenn ich mit dem Eisenkraut wirke, oder ob es das Lied des Tabaks, der Ayahuasca-Liane, des Adlers, der Quelle, eines Kristalls oder eines Pilzes ist, das ich in heilsamen Ritualen singe – damit besinge ich auch den Kern schamanischer Arbeit. Das ist der Kern: Ausgehend von der Zentrierung im eigenen Geist und im eigenen Schwingungsfeld, sich bewusst einzubinden in das schöpferische Schwingungsfeld des Urgeistes, um die Informationen zu erkennen, die für heilsames Erkennen und Wirken notwendig sind.

Diese Informationen können von allen Erscheinungen des Lebens vermittelt werden, auch von den nicht sichtbaren. In den schamanischen Traditionen sind der Geist von Tieren und Pflanzen die wichtigsten Informationsvermittler.

*»Der tungusische Schamane versteht während seiner Trance die Sprache der ganzen Natur (...) Jeder Schamane hat sein besonderes Lied, das er anstimmt, um die Geister anzurufen.«*
Mircea Eliade

Heilerinnen aller Kulturen sind Meisterinnen heilsamer Arbeit durch Klang. Dieser Klang, der über Worte oder Gesang das Schwingungsfeld der Schamanin und des Patienten verändert, wirkt auch, wenn er mit den Ohren nicht zu hören ist. Manche Schamaninnen schätzen die im Innen gesprochenen rituellen Worte sogar als wirksamer ein als die hörbaren Worte. Auch wenn sich die gesprochenen Ritualworte nicht verständlich oder sinnvoll anhören, können sie die Kraft haben, »Berge zu versetzen«. In einigen Völkern des Amazonastieflandes werden die wichtigsten Lieder in einem Heilritual mental gesungen, so wie auch in Nepal einige besondere Mantras im Geist gesungen werden.

Rituelle Worte, ritueller Klang wirken nicht durch messbare physikalische Schwingungen oder durch einen zuordenbaren Sinngehalt. In ihnen verbindet sich der gewöhnliche Klang mit dem Schöpfungsklang, verbindet sich der eigene Atem mit dem Hauch, aus dem Leben entstand. Wer dieses erfahrbare Wissen herablassend belächelt als magisches Denken oder naive Weltschauung oder Eso-Kram, dem kann ich nur entgegenhalten: Die kühne String-Theorie sagt im Kern das gleiche: »Die gedachte, angenommene kleinste Einheit von Lebensbausteinen, der Urgrund, besteht aus einem Schwingungsfeld, das aus schlauchförmigen ›Strings‹ entsteht, die sich bewegen – ein Klangfeld.« Darüber lächle ich dann – aber nicht herablassend, sondern aus Freude darüber, dass sich weise Menschen aller Weltsichten am großen Topf der Lebens-Ursuppe treffen und sie gemeinsam umrühren!

»*Der Klang (...) selbst trägt in sich die Macht der Erfahrung und Verwirklichung. Es ist ein Klang, der den Menschen sehen lässt! (...) Heilige Schwingungen können so als machtvolles Mittel angesehen werden, um das Bewusstsein zu öffnen.*«
Satprem in: Aurobindo, or the Adventure of Consciousness

Was ist es nun, was über rituelle Sprache oder rituellen Gesang vermittelt wird, was darin und darüber hinaus wirkt? Haben meine eigenen Worte im Ritual auch Wirkkraft, oder muss ich die Worte »richtiger« Schamaninnen nachsprechen, nachsingen?

Bewusst gesprochene, von meinem Geist bewegte Klangworte verändern »Welt«. Ich erschaffe und verändere Wirklichkeiten durch Bedeutungen der Worte, durch meine Sprache. Rituelle Worte – ob nach außen hörbar gesprochen oder innen gesprochen und gesungen – entfalten sich aus den Erfahrungen im bewussten Umgang mit geistigen Welten und geistigen Qualitäten heraus. Rituelle Worte können ein hochkonzentrierter Wirkstoff mit tiefgreifender Sprengkraft sein – und erfordern eine dieser Wirkkraft entsprechende hochkonzentrierte Aufmerksamkeit und Achtsamkeit.

*Schamanensprache*
*Die legendäre mexikanische Schamanin Maria Sabina wirkte in ihren Zeremonien über eine spezielle »Sprache«. Diese Sprache wurde ihr in einer Vision vom Geist der heiligen Pilze gegeben, aufgezeichnet in einem Buch mit leeren Seiten, aus dem sie in ihrer Trance »las«:*
*»Meine einzige Kraft ist die ›Sprache‹ ... Die ›Sprache‹ ist nicht für alle Fälle die gleiche. Wenn ich einen Kranken heile, verwende ich eine Art der ›Sprache‹. Für die Kranken erscheint die ›Sprache‹ in dem Augenblick, wenn ich nahe bei ihnen bin. Wenn ich die cositas (heiligen Pilze) mit dem Ziel esse, Gott zu begegnen, dann brauche ich eine andere ›Sprache‹ ... Die Unwissenden werden niemals so wie die Weisen singen können.«*

*Gesänge des Geistes*

*In den Heilritualen der Schamaninnen des peruanischen Amazonasgebiets sind die* ikaros, *die Gesänge, das wichtigste Wirk-Zeug des Schamanen und so etwas wie ihr Energiefahrzeug zwischen und in den Welten. Die* ikaros *sind ein wertvoller Besitz der Schamanin, sie beinhalten ihr Wissen. Im visionären Zustand empfängt die Schamanin neue* ikaros *vom Geist der Pflanzen und Tiere.*

*»Die Pflanze hat mich das Lied gelehrt«, ist eine häufige Aussage, wenn eine Schamanin nach dem Ursprung ihres* ikaros *befragt wird. Die* ikaros *wirken auf das Energiefeld des Patienten und können auch organische Funktionen verändern.*

*Auch außerhalb nächtlicher Heilrituale wird das heilende Werkzeug des* ikaros *mit Erfolg eingesetzt, durch das Ikarieren. Ein Vorgang, bei dem der Schamane einen* ikaro *direkt auf ein Objekt, eine Arznei oder auf Tabak singt. Mit diesem Besingen verleiht der Schamane den Dingen bestimmte Eigenschaften. So ist es möglich, durch Ikarieren Heilung und Schutz weiterzugeben, einem Gegenstand eine beabsichtigte Qualität aufzulegen, aber auch Schadensabsicht oder Willensbeeinflussung sind so zu erzeugen.*

*10 000 heilende Schamanenlieder*

*Der Schamane Kajuyali Tsamani, Kolumbien, erzählte mir von seinem Lehrmeister, dem abuelo furnamilani, Schamane der Sikuani: »Mein maestro heilt nur mit Gesängen. Er kennt 10 000 Lieder, die für 10 000 verschiedene Dinge wirken: zur Heilung von Krankheiten, für Glück und Liebe und Erfolg, zum Schutz vor der Absicht meiner Feinde, gegen neidische Blicke, zum Unsichtbarmachen, zum Nicht-alt-Werden. Diese Lieder wirken heilend auf alle Angelegenheiten der Menschen, die sich nicht in der Harmonie mit dem Kosmos befinden.«*

*Zauberlieder, um Geister zu rufen, Dinge herbeizuschaffen, von Lasten zu befreien und Freude zu bewirken*
*Von den Schamaninnen der Tungusen heißt es, dass jede ihr besonderes Lied hat, um die Geister zu rufen.*

*In den alten Erzählungen über das Wirken von Schamaninnen in Grönland heißt es:* »*Es gab einen großen Schamanen, einen weisen Mann, der kannte ein Zauberlied, um Wasser herbeizuschaffen, und der auch Land im Eismeer ersingen konnte.*«
*In einem Bericht über eine mächtige Geisterbeschwörerin bei den Inuit in Kanada heißt es:* »*Sie sang ein Lied, das seitdem ihre Zauberformel wurde, wenn sie anderen Menschen helfen wollte. Sobald sie sang, war sie wie von Sinnen. Auch die anderen im Haus gerieten außer sich vor Freude, denn sie wurden frei von allem, was sie belastete. Sie hoben die Arme empor und warfen alles von sich, was Arglist und Bosheit hieß. Wie ein Stäubchen von der Handfläche bliesen sie es fort mit dem Lied.*«

*Lieder wissender Frauen aus alten Zeiten*
*Es leben nur noch wenige Menschen des Volkes der Nootka auf Vancouver Island, aber noch gibt es Frauen, die Hüterinnen des Wissens ihres Volkes sind und dieses Wissen weitergeben. Zu diesem Wissen gehört auch das Wissen um die verloren gegangene Macht des* »*richtigen Liedes*«*, um dahin zu gehen, wohin man gehen will.* »*Alles, was wir über die Bewegung des Meeres wissen, wurde in den Versen eines Liedes festgehalten. Es gab ein Lied, um nach China zu gehen und ein Lied für Japan, ein Lied für die große Insel und eines für die kleinere. Auf der Rückkehr sang sie (die Steuerfrau) das Lied einfach von hinten nach vorne. Die Worte der Lieder, die Worte der Läuterungszeremonien und die Bedeutung der Gesänge waren alles, was sie wissen musste, um irgendwohin zu reisen.*«

In schamanischen Traditionen werden diese magischen Worte oft als geistiges Erbe von der Meisterin an die Lernende weitergegeben, als Grundausrüstung für den Beginn der eigenen schamanischen Arbeit.

Das Aussprechen der Worte bzw. das Intonieren der Klänge ruft im Geist derjenigen, die sie spricht oder singt, augenblicklich die Qualitäten hervor, die sie aus ihrer Erfahrung heraus zu assoziieren gelernt hat.

Der Klang der gesprochenen Worte ist so etwas wie ein Anzeigen der hinter dem Wortklang sich verbergenden mächtigen geistigen Kraft. Das ist so ähnlich wie die Darstellungen der Geistwesen, der *Kachinas*, beim Volk der Hopi im Südwesten der USA. Die Geistwesen, der vielgestaltige Geist der Lebenskräfte ist immer unter einer Maske verborgen, da die Menschen den Anblick des reinen Geistes nicht ertragen könnten, so unirdisch mächtig sind sie. Auch Klänge und Worte sind solche Masken für den Geist der Lebenskräfte.

> »*Es gibt eine Kraft, die anders ist als die Kraft, mit der wir täglich leben. Es ist die Kraft, die uns das Schweben lehrt, die es ermöglicht (...) wie Singvögel zu fliegen (...) und auf dem Wind zu reiten.*«
> Anne Cameron, Töchter der Kupferfrau

Diese Kräfte können nur wirken, wenn man zuvor daran gearbeitet hat, die Kräfte des eigenen Geistes zu erschließen und sich beim Aussprechen oder Singen des Mantra, der Anrufung, des Gesanges die Qualität vorstellt, für die dieser Klang, diese Worte bestimmt sind. Manchmal suchen sich diese Kräfte und Qualitäten auch sehr eigenwillige Verwirklichungswege, wie die folgende Episode erzählt:

> »*Es wird von einem Tibeter erzählt, der zwar ein ungeheures Vertrauen in die Weisheit der indischen Gurus, aber nur geringe Kenntnis des Sanskrit hatte. Als er nach Indien reiste und sich in einem besonders ungeeigneten Augenblick an einen berühmten Guru wandte, wurde er mit einem lauten ›Hau ab!‹ und einer wegwerfenden Geste der Abwehr bedacht. Dieses*

*hielt er in seinem Irrtum für ein machtvolles Mantra mit der dazugehörigen Mudra, und als er in seiner Einsiedelei in den Bergen damit übte, erlangte er bald einen hohen Grad der Erleuchtung. Als er zu dem Guru zurückkehrte, um sich zu bedanken, erfuhr er von seinem lächerlichen Irrtum; doch der Guru warf ihm nicht etwa seine Dummheit vor, sondern beglückwünschte ihn dazu, dass er dank seines unerschütterlichen Glaubens mit einer unkonventionellen Praxis zu wertvollen Erkenntnissen gelangt war!«*
Überliefert von John Blofeld

Entscheidend ist also nicht, rituelle Lieder und Worte wortgetreu nachzusprechen oder rituelle Gesten genau nachzuahmen. Entscheidend ist, mit der eigenen geistigen Kraft in Einklang zu sein in dem Moment, in dem man über rituellen Wortklang wirken und sich mit den Qualitäten der Kraft des kreativen Urgeistes verbinden will.

Die geistige Kraft der Schamanin kann unabhängig vom Klang der rituellen Worte oder Gesänge mächtig wirken, aber ohne die geistige Kraft ist der Klang ohne Wirkung.

Nun bin ich zwar keine Schamanin, bin mir aber auf meinem langen Lebenslernweg nach und nach meiner geistigen Kraft bewusst geworden und auch nach und nach mit ihr in Einklang gekommen. Doch welche rituellen Klänge, Worte, Gesänge stimmen für mich? Und vor allem: Was macht Frau, wenn sie sich am Beginn dieses Erfahrungsweges Schamanismus befindet und noch keine Sicherheit im Erkennen der eigenen stimmigen Klänge erfahren hat? Dann sucht sie sich die Klänge, Gesänge, Worte aus, die sie in Ritualen mit schamanisch wirkenden Menschen gehört oder gelernt hat, und bei denen sie sich wohl und sicher gefühlt hat. Wenn sie sich in der inneren Vorbereitung auf ihr Ritual darauf konzentriert, in die Empfindung zu gelangen mit der sie diese Wortklänge verbindet, wird Wirkung sich entfalten – nach und nach.

*Die ursprüngliche Bedeutung des lateinischen Wortes* cantare *ist nicht »singen«, sondern »beschwören, zaubern«. Das spani-*

*sche Wort* encantamiento *mit der Bedeutung von »Entzücken, Verzauberung« weist genauso wie das englische Wort* enchantment *auf die Macht des Gesanges hin, mit der das Bewusstsein erweitert werden kann, um in den Kontakt mit dem Schwingungsfeld der Anderswelten zu treten.*
*Das Volk der Huichol in Mexiko bezeichnet mit dem spanischen Wort* cantor *den Zauberer und Schamanen.*

Ich stelle mir bei bestimmten rituellen Gesängen immer die Schamanin bzw. die geistige Lehrerin vor, von der ich gelernt habe. Ich »höre« sie dann singen und singe ganz einfach mit ihr mit – bis sich mein Gesang von ihrem löst und ich in meinem eigenen Klang bin, in den für mich stimmigen Worten singe.

Mein alter Schamanenmeister im Dschungel beharrt immer darauf, dass ich in meiner eigenen Sprache singe. »Du kommst aus einer anderen Welt«, sagt er, »du musst mit dem Geist aus deiner Welt singen.« Lernfähig wie ich bin, lasse ich mir jetzt immer nur die Bedeutung der rituellen Gesänge erzählen und singe dann mit meinen Worten mit. Intelligent, wie die geistigen Kräfte sind – lassen sie sich aus der Geisterwelt Amazoniens auch mit deutschen Worten herbeisingen.

So kommt es, dass ich in meiner Weise einige der geistigen Kräfte des schamanischen Dschungelkosmos verstehe, und einige der dortigen Geister deutsch verstehen …

In verschiedenen Kulturen konnte ich beobachten, dass in Gesängen, die für eine direkte Kommunikation mit den Geistern eingesetzt werden, oft eine Stimmveränderung stattfindet. Dazu werden unter anderem die Hände als Trichter oder Schale vor den Mund gelegt, oder es wird in ein Gefäß hineingesungen.

Reshin Nika erklärte mir Folgendes: Ein Schamane verwandelt sich im Ritual, indem ein Geist in seinen Körper kommt. Dann ändert sich seine Stimme in eine Frauenstimme oder in eine andere Männerstimme als die eigene. So ist es, wie ein Schamane den Geist in seinem Körper wandelt: Der Geist singt aus ihm heraus wie in ein Mikrofon und verlässt dann den Schamanen durch den Mund wie durch einen Lautsprecher. Das ist der Grund, warum der Schamane sich manchmal nicht daran erinnert, dass er im Ritual für die Heilung des Patienten gesungen hat. Wenn der Geist in den Körper des Schamanen geht, ist es nicht mehr der gleiche Körper. Wenn du sehr konzentriert bist im Ritual, dann geschieht es leicht, dass der Geist in deinen Körper kommt.

Wie erstaunt war ich, als mir die Methode, die Hände als Trichter vor den Mund zu legen, auch im Lichtenberger Institut für Stimmbildung begegnete. So erweitert man den Mundraum beim Klingen, und der Klang kann trotzdem weiterhin innen entstehen, nicht außen. Stimmiger Klang entfaltet sich aus den inneren Räumen.

Von der Methode, harzhaltigen Rauch einzuatmen, der die Stimmbänder belegt und so den Klang der Stimme verändert, sehe ich seit meiner Stimmbandlähmung ab ...

Ich sehe auch davon ab, dem Weg der sufistischen Ri'fai-Schule zu folgen, deren Ziel es unter anderem ist, die Kraft des Geistes über die Materie herrschen zu lassen. Sie versuchen beispielsweise, durch die Kraft der Worte die Schwingungen ihres Körpers auf die Schwingungshöhe des Feuers einzustimmen, so dass die Begegnung mit Feuer ihrem Körper nicht schaden kann. Da bleibe ich doch lieber dabei, die Kraft der Feuerfrau mit allem Respekt anzusprechen und aufzufordern, mich mit ihrer wandelnden, reinigenden Feuerkraft zu berühren, ohne dass mein Körper Verbrennungen erleidet ...

Doch die tibetische Lehrgeschichte über die unkonventionelle Handhabung von Worten und Gesten habe ich in meinem geistigen Gepäck verstaut und auf meinen Reisen zu und mit Schamaninnen daraufhin aufmerksam auch ihre rituellen Gesten beobachtet. Ich wollte wissen, ob und welche Auswirkung sie auf mich als Ritualteilnehmerin haben.

*Geste – lateinisch* gerere, *»tragen, ausführen« – bezeichnet zeichenhafte Bewegungen bestimmter Körperteile zum Zwecke der nonverbalen Kommunikation.*

Die Rituale der Schamaninnen im Amazonasbecken finden, wie in allen schamanischen Traditionen üblich, nachts statt. Es hat eine Weile gedauert, bis ich in der Lage war, im Stockdunkel der Dschungelnächte (in Vollmondnächten wird mit dem Beginn des Rituals oft gewartet, bis die Ritualhütte im Schatten des Mondlichts liegt) die Gesten des alten Shipibo-Schamanen in meinem Dorf erkennen zu können. Die zunehmende Schärfe und Klarsicht meiner »geistigen Jaguaraugen« ließen mich irgendwann immer deutlicher sehen: Die rituellen Gesänge werden von ausgeprägten Handbewegungen begleitet. Die Bewegung der Hand geht immer zum Schamanen hin, so als würde sie aus der Luft mit der gewölbten Hand etwas zu sich herholen, zum Oberkörper hin, nicht zum Kopf hin.

Ob ich die Augen schloss und diese Gesten nicht sah oder ob ich sie mit geöffneten Augen sah – ich konnte keinen Unterschied in meiner Empfindung der Gesänge wahrnehmen. Daraus folgerte ich, dass der Schamane mit den Gesten der Hand die Verbindung zu den geistigen Kräften herstellt und die eigene geistige Kraft stärkt.

Doch klüger als alle eigenen Schlussfolgerungen ist es, den Handelnden selbst sagen zu lassen, welche Bedeutung die Gesten für ihn haben.

Ich habe gefragt – und der alte Jaguar-Schamane erklärte mir auf meine Gesten-Frage hin:

> *»Die Bewegung der Hand hat eine sehr starke, geheime Kraft, mit viel Macht und zeigt die Gewissheit darüber an, dass der Patient wieder viel Energie in seinem Körper haben wird. Nach Beendigung der Lieder und der Gesten gibt es einen lauten Hauch: uush … uush … Das zeigt an, dass die Heilenergie schon im Körper des Patienten ist und nach dem Hauch nicht mehr herausgehen wird, dass die krankheitsbringenden Geister nicht noch einmal in den Körper eindringen können.«*
> Berichtet vom Shipibo-Schamanen Reshin Nika, Peru 2009

Diese und ähnliche Handgesten habe ich auch bei anderen Schamanen und Schamaninnen in Peru sehen können.

Die rituellen Handbewegungen nepalischer Schamaninnen, die ich erfahren konnte, haben zwei Ebenen:
1. Sie sind verbunden mit rituellen Tätigkeiten wie zum Beispiel Wasser verspritzen, Reiskörner werfen, Räucherzöpfe verbrennen.
2. Es sind Fingerbewegungen, *mudras*, die mit und ohne Ritualdolch, *phurba*, ausgeführt werden und drei Ebenen anzeigen:
– Sie machen den Ritualteilnehmerinnen deutlich, dass sie diejenigen sind, die das Ritual durchführen.
– Sie fesseln und konzentrieren die Aufmerksamkeit der Ritualteilnehmer.
– Sie führen in den Kontakt mit den nicht sichtbaren geistigen Kräften, in die Verbindung mit der geistigen Welt.
Letzteres ist für die Durchführung des Rituals die wichtigste Ebene, bei Schamaninnen in Peru ebenso wie in Nepal. Auch bei Schamaninnen sibirischer Völker dienen rituelle Gesten und Tanzschritte dazu, die Geister zu rufen, sie zu beschwören. So legen einige von ihnen beispielsweise beim Trommeln den Trommelstock immer wieder an die Stirn – eine Geste, die anzeigt, dass die Geister der Oberen Welt gerufen werden.

Ach, wie gut haben es doch Schamaninnen in ihren Traditionen und Gemeinschaften! Sie müssen sich weder den Kopf darüber zerbrechen, noch müssen sie Erfahrungs-Versuchsreihen starten, um herauszufinden, welche Worte, Klänge, Gesten und Ritualwerkzeuge für sie stimmig sind. Das begrenzende Gerüst von festen Traditionen hat neben der Einengung aber auch bestärkende und unterstützende Aspekte. Dieses Gerüst verleiht Orientierungs-Sicherheit im Umgang mit Geist und Geistern und erleichtert es, den eigenen Platz in den schamanischen Geistwelten zu finden – wenn man in diesen Traditionen lebt.

Doch was tun, wenn ich nicht ein Kind dieser von schamanischer Tradition geprägten Gemeinschaften bin? Wie finde ich zu den mir entsprechenden rituellen Worten, Klängen, Gesten?

Diese Entscheidungsfreiheit, den eigenen Weg kreativ finden zu können und die inneren Landkarten geistiger Welten »auf eigene Faust« zu entdecken, birgt viele Verunsicherungen und Verirrungen in sich. Meiner Sichtweise nach entspricht es dem Individualisten-Leben in unserer Gesellschaft, den eigenen geistigen Weg durch bewusstes, lernbereites Erfahren von Richtungen und Qualitäten verschiedener Wegstrecken zu gehen.

Der eigene Lebensweg ist im Schamanismus nicht zu trennen vom Wegenetz der Gemeinschaft von Menschen im gleichen Bewusstseinsfeld.

Als Angehörige einer von gelebtem Schamanismus in Gemeinschaften weit entfernten Kultur blicke ich sehnsüchtig auf diese Gemeinschaften. Doch mit Sehnsucht lässt sich längerfristig nicht heilsam leben, weil ich dann nie da bin, wo ich bin – sondern immer woanders. So habe ich nach und nach gelernt, bei mir zu sein und in Gemeinschaften »auf Zeit« mich bewusst mit »meinen Menschen« zusammenzufinden. Und ich habe auch den großen Vorteil zu schätzen gelernt, in dem ich mich gegenüber den Traditions-Gemeinschaften befinde: Ich kann mich für oder gegen geistige Wege und Welten entscheiden. Ich lebe nicht nur in einer äußeren multikulturellen Welt, ich lebe auch in einer geistigen multikulturellen Welt und kann meinen geistigen Lebensfluss aus vielen Schamanismus-Quellen speisen. Da sind die Quellen, aus denen ich in fremden äußeren und inneren Schamanenwelten trinken durfte und deren Wasser jetzt in mir fließt. Und da sind die Quellen und »Brunnen der Erinnerung« hier in unseren europäischen Kulturen, in denen die Hüter des alten Wissens immer noch lebendig sind und sich durch zunehmende Beachtung mehr und mehr an das geistige Tageslicht wagen.

So habe ich die mir entsprechenden rituellen Worte, Klänge, Gesten gefunden: Ich habe mich von wissenden Menschen unterschiedlichster Schamanen-Praktiken mit in ihre Welten nehmen lassen, habe mich von ihren Bewusstseinswelten berühren lassen und mir Zeit genommen, diese Berührung in mir wirken zu lassen. Ich habe auf meine Empfindung geachtet: Welche Art von Ritualen tun mir gut, welche wirken anhaltend in mir nach? Welche schamanische Bewusstseinslandschaft bleibt mir auch nach einer längeren Wegstrecke fremd, strengt mich an?

Ich habe Plätze aufgesucht, an denen ich noch das Rauschen der alten Wissensquellen vernehmen konnte. Ich habe ihnen gelauscht und darauf geachtet, über meine Sinne und meine Empfindung ihr Wissen wahrzunehmen – nicht über angelesene Zuordnungen über Orte, Bäume und Pflanzen der Kraft.

### Findefrau

Finde Orte in der Natur, an denen dir der Zugang zum Erlauschen vom Geist des Schamanismus leicht fällt. Achte darauf, dass es ein geschützter Ort ist, an dem du ungestört längere Zeit bleiben kannst.
– Erspüre den Klang des Geistes der Natur an diesem Ort durch die bewusste Öffnung deines Geistes und deiner Sinne. Lass dich inspirieren von den Klängen und Bewegungen in der Natur: Singe, töne, pfeife, brülle, flüstere zu und mit den Klängen der Bäume, der Tiere, des Windes, mit Regen, Nebel, Sonne und Gewitter – zu unterschiedlichen Jahres- und Tageszeiten.
– Nimm die Unterschiede wahr.
Führe ein Natur-Klang-Wahrnehmungs-Tagebuch.
Welche Stimmung von Jahreszeit, Nacht, Tag, Witterung entspricht dir?
– Hab Geduld, auch etwas Disziplin, sei wach in deinem Tun und fordere dich selbst heraus, eine aufmerksame Findefrau zu werden.
– Du wirst eines Tages oder auch eines Nachts die für dich stimmigen Klänge, Worte, Lieder und Gesten wissen, wenn du dich im Zustand von Bereitsein und Nicht-Vorstellung berühren lässt vom »Wind in den Zweigen«.
– Erprobe, wie du das Erspürte, Erlauschte, Erkannte in deinen Ritualen zur lebendigen Wirkkraft werden lassen kannst.
– Scheue dich nicht, rituelle Worte, Klänge, Gesten so lange auszuprobieren und zu verändern, bis du mit ihnen übereinstimmst.

*»Tief in dir verschüttet existiert vielleicht deine wahre Stimme, der Gesang, der sich aus deiner zusammengeschnürten*

*Kehle, von deinen trockenen und gespannten Lippen nicht befreien, nicht lösen kann. Oder vielleicht irrt deine Stimme verloren durch die Stadt, Töne und Klänge verstreut im Brausen. Was niemand weiß, dass du es im Innersten bist, oder dass du es warst oder sein könntest, käme in jener Stimme zum Vorschein.*

*Probier's doch mal, konzentriere dich, rufe deine geheimen Kräfte zu Hilfe. Jetzt! Versuch es noch mal, verlier nicht gleich den Mut.*«
Italo Calvino, Ein König horcht

 Rituelle Worte, Klänge, Gesten sind bewusst eingesetzte, wirkungsstarke Elemente im schamanischen Ritual.

– Sie bringen die Absicht zum Betreten geistiger Räume über die Sinne erfahrbar zum Ausdruck und öffnen für die Begegnung mit geistigen Kräften.

– Sie unterstützen den Wandel von Gedanken und Empfindungen. Sie drücken das Versprechen aus, dass geschehen wird, was beabsichtigt ist.

– Die Ritualausführende ist im schamanischen Ritual nicht Stellvertreterin für eine geistige Macht, sondern sie wirkt im Zustand erhöhter Wahrnehmung als bewusster Anteil des Urgeistes, der durch sie wirkt.

– Die geistige Kraft der Ritualfrau kann unabhängig vom Klang der rituellen Worte und Gesänge ihre heilsame Wirkung entfalten, aber ohne die Übereinstimmung mit ihrer geistigen Kraft sind Worte, Klang und Gesten ohne Wirkung.

# Ritualinspirationen zum Entzünden des inneren Wandlungsfeuers

Oft werde ich gefragt, warum im Schamanismus eine so große Aufmerksamkeit auf Schutz gerichtet ist, warum die Ursachen für Störungen der geistigen und körperlichen Harmonie größtenteils in energetischen Schadensattacken von Menschen oder Geistern gesehen werden.

Ich werde auch gefragt, warum Schamaninnen und mit schamanischen Methoden arbeitende Menschen so oft energetisch angegriffen werden, warum sie sich als Spezialistinnen nicht immer ausreichend schützen können.

Besonders beliebt in esoterischen Seminarkreisen ist in diesem Zusammenhang auch die schein-heilsame Frage: »Hast du schon einmal darüber nachgedacht, warum dir das geschieht?«

Sie geschehen, all diese unerfreulichen, unheilsamen Dinge, weil das Leben einen Risikofaktor in sich birgt, für jeden – ob Papst, Dalai Lama oder Meisterschamanin. Sie geschehen, weil Leben und somit alles Lebendige dynamisch ist und aus drei Grundkräften besteht, die sich nicht vorhersagbar wechselseitig beeinflussen, aber nicht linear aufeinander folgen. Diese drei allem Leben zugrunde liegenden Kräfte nehmen in unseren nordischen Mythen die Gestalt der drei vielwissenden Schicksalsnornen an, die das Geschick der Menschen bestimmen. Sie sitzen am Brunnen der Erinnerung, an der Wurzel der Weltenesche Yggdrasil und spinnen den Schicksalsfaden des Menschen: Die eine spinnt ihn, die andere verwebt ihn, und die dritte schneidet ihn ab. Ob die drei Grundkräfte des Lebens Gestalt annehmen in »Jungfrau, Mutter, altes Weib«, in der dreigestaltigen Anna Selbdritt, den »Bethen« oder »Schicksalsfrauen«, in »der Weißen, der Roten und der Schwarzen« – oder ob sie die Namen tragen von den griechischen Moiren, römischen Parzen oder slawischen Zorya, keltisch-römischen Matronen: Immer geht von einer dieser drei Kräfte der Impuls zu einer grundlegenden Wandlung aus.

Das ist auch in der ehrenwerten Physik so, da tragen die drei Grundkräfte die Namen »Elektron, Neutron und Proton«.

Auch wenn die Bewegung des Lebens – das Werden, Wachsen und Vergehen – sich durch keine von Menschen regulierbare Ordnungssysteme beherrschen lässt, die Unbegreifbarkeit des Lebens wird begreifbarer durch Modelle von Ursache und Wirkungs-Zusammenhängen. Alle Weltsichten stellen solche Ursache-Wirkungs-Zusammenhänge auf, auch die Weltsicht des Schamanismus. Eingebunden in Vorstellungen von Ursache und Wirkung werden unangenehme, bedrohliche Geschehnisse »handelbar«, dann kann ich vorbeugende Maßnahmen gegen ihr unheilsames Erscheinen treffen oder weiß was zu tun ist, wenn eine gravierende Störung in meinem Lebensfeld auftritt.

Und diese Störungen geschehen – trotz meiner Amulette, trotz der praktizierten Schutzrituale, trotz lebenslanger Bewusstseinsschulung und Wahrnehmungsübungen. Weil ich Mensch bin, Anteil von Leben, nicht Herrin des Lebens.

Und auch Schamaninnen sind keine Herrinnen über Leben und Tod, sie sind auch keine besseren Menschen, nur weil sie über besondere Kräfte verfügen. Besondere Kräfte ziehen besondere Aufmerksamkeit auf sich und sind die idealen Projektionsflächen für unerfüllte Besonderheitswünsche von unzufriedenen Menschen.

Kraft ist lediglich ein hohes Potenzial an Wirkungsmöglichkeit, das ist bei spiritueller Kraft nicht anders als bei körperlicher Kraft – sie ist grundsätzlich weder gut noch böse. Wie jemand, die über ein hohes Potenzial an spiritueller Kraft verfügt, diese einsetzt – das ist ihre Entscheidung.

Schamaninnen stehen wie andere Heilerinnen auch mit ihrem Wirken immer im Blickpunkt der Öffentlichkeit. Vor allem erfolgreiches Wirken bietet eine beliebte Zielscheibe für Pfeile, die mit Neid, Eifersucht und Schadensgedanken vergiftet sind. Ihnen sind nicht nur Politikerinnen und Schamaninnen ausgesetzt, auch ganz normale Menschen – wie ein Bericht in der Süddeutschen Zeitung zeigt:

> *Die Macht der schlechten Gedanken*
> »*Menschen sterben an der Kraft schlechter Gedanken. Solche Ereignisse finden sich keineswegs nur in der Geschichte oder bei Menschen, die an Voodoo glauben. Die Verwünschungen kommen heute nur in anderem Gewand daher. Neuerdings untersuchen Ärzte, welche mächtige Wirkung negative Gefühle in der Medizin entfalten. Die Nozebos (wörtlich: ›Ich werde schaden‹) gelten in der Forschung als Gegenstück zum Plazebo. ›Schlechte Neuigkeiten fördern schlechte Physiologie‹, sagt Clifton Meador von der Vanderbilt-Universität.*
> *(...) Manche Hexenmeister tragen heute Kittel und Stethoskop. Bekannt ist der Fall von Sam Shoeman, bei dem Leberkrebs im Endstadium diagnostiziert wurde. Shoeman, seine Familie und auch seine Ärzte glaubten, dass er nur noch wenige Monate zu leben hatte. Der Kranke hielt sich an die Prognose und starb nach einigen Wochen. Als der Leichnam untersucht wurde, wunderten sich die Ärzte. Der Tumor war mit zwei Zentimetern Durchmesser relativ klein geblieben, hatte keine anderen Organe infiltriert und auch keine Metastasen gebildet, ergab die Autopsie.*
> *(...) ›Der Mann starb nicht an Krebs, sondern daran, dass er glaubte, an Krebs zu sterben‹, sagt Clifton Meador, der solche Fälle genauer untersucht hat.*
> *(...) Meador findet daran nichts Mystisches, auch wenn er versteht, dass viele Menschen sich nicht vorstellen können, dass symbolische Handlungen, Vorstellungen oder Worte bisweilen sogar tödliche Kraft entfalten können – ›das fordert das biomolekulare Bild vieler Ärzte heraus‹.*«
> Süddeutsche Zeitung, 3. Juli 2009

Je stärker eine Schamanin in ihrer Wirkfähigkeit verwurzelt ist, desto stärker sind auch die auf sie gerichteten Attacken – ob aus der Menschen- oder Geisterwelt. Da eine starke Schamanin aber energetisch nicht leicht angreifbar ist, werden die Neid- und Eifersuchtsattacken gegen sie oft auf einen ihr nahestehenden Menschen gerichtet. Einige Male habe ich in Peru erlebt, wie Angehörige eines Schamanen – fast immer traf es seine Frau – von einem anderen missgünstigen Schamanen mit einer Schadensattacke angegriffen wurden. Oder Menschen starben aufgrund eines Schadenszaubers, den jemand bei einer Schamanin in Auftrag gegeben hatte. Dieser Schaden äußerte sich als körperliche Krankheit, die auch in den Krankenhäusern, in die dann die so angegriffenen Menschen gebracht wurden, nicht erfolgreich behandelt werden konnten.

In einem Dorf am Amazonas, in dem ich mehrere Male längere Zeit gewesen bin, gab es zwei Schamanen. Einer war sehr erfolgreich in seiner Arbeit, der andere nicht. Darauf bewirkte der nicht erfolgreiche Schamane mit einem alten, sehr mächtigen und wenig bekannten tödlich wirkenden Schadenslied, dass die Frau des erfolgreichen Schamanen schwer erkrankte, dahinsiechte und starb – trotz vieler Heilrituale verschiedener Schamaninnen und trotz westlicher Medizin. Daraufhin wurde der *brujo*, der Schadenszauberer, aus dem Dorf gejagt, seine Hütte wurde verbrannt. Er ging zurück in sein Heimatdorf, dort wollten ihn die Menschen auch nicht haben, weil kurz nach seiner Ankunft eine junge Frau und ein Mann plötzlich verstarben. Diese beiden Todesfälle wurden ihm zugeschrieben. Der Vater des so unerklärlich verstorbenen Mädchens gab darauf einem mächtigen Schamanen aus einem Nachbardorf den Auftrag, für den Tod des *brujos* zu sorgen. Kurz darauf wurde der Schamane, der nun als *brujo* angesehen wurde, von einer giftigen Schlange gebissen. Rechtzeitig für eine Behandlung mit dem Gegengift wurde er zum staatlichen Gesundheitsposten gebracht – trotzdem starb er an dem Schlangenbiss.

Oh nein, das ist keine Gruselgeschichte aus einem drittklassigen Film – ich habe es miterlebt. »Wie schrecklich! Gut, dass es so etwas wie Schadenszauber bei uns nicht gibt«, bekomme ich oft zu hören, wenn ich davon erzähle.

Oh doch – es gibt ihn bei uns, nur trägt er andere Mäntel, unter denen er sich versteckt: »Aus dir wird doch nie was.« »Schau dich doch an, so jemanden wie dich kann man doch nicht lieben.« »Du schaffst es ja noch nicht einmal, dich selbst zu versorgen.« »Was du anpackst, wird sowieso nichts.« Eine Liste, die sich noch verlängern lässt. Und sie erzählt vom alltäglichen Schadenszauber, der Giftpfeile in den Geist und die Seele von Menschen setzt. Manche dieser lebenslangen Giftpfeile entwickeln sich zu Krankheiten.

Ich habe in den siebenundzwanzig Jahren meines Lebenswegs durch schamanische Welten keine Schamanin getroffen, die von sich behauptet hätte, sich immer ausreichend gegen Schadenszauber oder energetische Attacken schützen zu können.

So wie mir der Geist der Anakonda einen Schaden zugefügt hat, weil ich unwissend in ihrem geistigen Raum gewesen bin, ohne um »Erlaubnis zum Eintritt« gefragt zu haben, hätte dieser Anakondageist durchaus auch einer nicht aufmerksamen Schamanin schaden können. Und manchmal sind auch starke Schamaninnen müde, unaufmerksam oder in leicht-sinniger Stimmung …

Die aufmerksame Durchführung eines schamanischen Rituals beinhaltet also unbedingt auch die Respektsbezeugung gegenüber den geistigen Kräften, die eingeladen und gerufen werden.

### Eine kleine Klanggeschichte der Vertreibung von Übeln

Glöckchen und Schellen aus Metall werden weltweit in schamanischen Traditionen vorzugsweise zur Unterstützung bei der »Vertreibung von Übeln« eingesetzt. Viele der klassischen Gewänder eurasischer Schamaninnen sind mit Schellen, Glöckchen, Metallplättchen besetzt, so dass es beim Bewegen der Schamanin klirrt und rasselt. Der Klang von Metall soll je nach Absicht zweierlei bewirken: Störende, böse Geister in die Flucht treiben oder/und ein Signal sein für die hilfreichen Geister, dass sie jetzt erscheinen sollen.

Im alten China wurden den Kindern kleine Glöckchen an die Kleidung genäht, in Zentralafrika wurden ihnen bei einigen Völkern die Glöckchen um den Hals gehängt oder um die Fußknöchel gebunden – ein Abwehrzauber gegen böse Geister.

Reste dieser Art, Schadensgeister durch metallenen Klang zu vertreiben, finden sich noch im Brauchtum der Alpenländer beim »Klausenspringen« am Nikolaustag und bei den Umzügen zur Fasnacht, wenn wilde Gestalten mit Schellen die Wintergeister vertreiben. Im Bayerischen Wald vertrieben früher junge Männer beim »Wolfauslassen« oder »Wolfaustreiben« mit großen Kuhglocken behängt im Frühling die Dämonen des Winters. In unseren heutigen Zeiten werden die Dämonen am 10. November mit Kuhglockengetöse in einem Brauchtumsspektakel vertrieben – was in der dunklen Jahreszeit sicherlich noch beeindruckender ist als im hellen Frühling.

Der Brauch, in der Johannisnacht mit Geräten aus Metall Lärm zu machen, um die Hexen zu vertreiben, ist fast in Vergessenheit geraten – nur noch das Klappern des Grillbestecks am Feuer erinnert daran ...

Silvesterknaller sind dagegen immer noch beliebte und gesellschaftlich anerkannte Hilfsmittel, um böse Geister zu vertreiben. In vielen unserer Sagen heißt es, dass die Kirchenglocken Hexen vertreiben, denn Glocken – vor allem geweihte – und Hexen seien sich spinnefeind.

Das hat sich gewandelt: Selbstbewusste Frauen vertreiben heute in ihrer Eigenschaft als neue Hexen mit dem Höllenlärm von Trommeln, Rasseln, Glocken, Zimbeln, Schellen ... das energetische Übel.

Aber das hat sich nicht gewandelt, die Angst vor der Wirklichkeit eines kirchenunabhängigen anderen, lebendigen heilsamen Geistes: Es war nicht in der Johannisnacht und wir waren auch keine Versammlung neuer Hexen. Es war in einer Sommernacht im Bregenzer Wald, Ende der neunziger Jahre des letzten Jahrhunderts – nicht des Mittelalters. Eine Gruppe von Menschen in einem heilsamen Ritual der Erkenntnis mit dem peruanischen *curandero* Don Eduardo Calderon Palomino. Stille, Lauschen und der feine

Gesang des *curandero* bestimmten diese Ritualnacht. Plötzlich ertönte mitten in der Nacht das Geläut der Kirchglocken des nahen Dorfes durch den Wald, donnerte schmerzhaft in unsere Stille.

Jemand hatte unser Tun beobachtet und als bedrohlich empfunden, jemand hatte die Glocken geläutet, um das mit unserer Gruppe assoziierte heidnische Übel zu vertreiben.

Wir haben in unserem Schutzkreis gewartet, bis das Glockengeläute vorüber war und haben in der darauf entstandenen noch tieferen Stille das Ritual noch intensiver erlebt.

Die ermutigende Lehre aus diesem Erlebnis war für mich: Glöckchen an meinen Trommelstock zu nähen, Mut zu haben, im Ritual laut zu sein, mich bemerkbar zu machen und so noch wirkungsvoller die Störenergien an mir vorbeizuleiten, sie in die Flucht zu schlagen – wortwörtlich.

Aus dieser und anderen Erfahrungen habe ich mir nach und nach einen grundlegenden Ritualteppich gewebt und habe meine eigenen Muster in diesen grundlegenden Teppich eingefügt. Wenn ich beabsichtige, ein Ritual der Wandlung zu vollziehen, bin ich mir der eigenen Verwobenheit in diesem geistigen Teppich bewusst und kann aus diesem Bewusstsein heraus wirken.

Es sind vor allem Frauen, die sich zunehmend ihrer eigenen Ritualkraft und ihrer Verwobenheit mit dem alten und immer wieder neuen Wissen über Geist, Geister und den daraus entspringenden Bräuchen bewusst werden – und handeln.

So wie zum Beispiel eine Hüterin des Allgäuer Sagen- und Pflanzenschatzes, Bärbel Bentele, die das Alte kreativ und wirksam mit sich selbst und so mit dem Neuen verbindet:

*Das Klausen-Schellenritual*
»Es war in unserem ersten Jahr oben in der Hornklause. Der Winter kam früh, und ab Mitte November mussten wir schon jeden Tag mit den Kindern zur Schule hinunter nach Immenstadt laufen. Auch am 5. und 6. Dezember, wo bei uns im Allgäu der Nikolaus kommt und die wilden Klause springen, schneite es kräftig und machte es so für uns unsinnig, nochmals ins Tal zum brauchtümlichen Umzug hinunterzugehen. Die wilden Gesellen aller-

dings – mit ihrem Pelzgewand, den Kuhhörnern und vor allem dem lauten Geläut ihrer um die Hüften gebundenen Schellen – gehören zu meinen Lieblingsgestalten aus dem heimatlichen, uralten Brauchtum.

Ihr Geläut vertreibt nicht nur die bösen Dämonen der Dunkelheit. Es legt sich durch den Schellenlauf mit Widerhall ein Schutzring um das Dorf und um die Häuser, an denen die Klausen in dieser Nacht vorbeirennen.

Dort bei uns oben wollte ich diese Kraft nicht missen. So packte ich eine meiner Alpschellen, band sie mir um und sprang mit eigenartig gemischten Gefühlen um unser tief verschneites Haus. Als ich hoch schnaufend meinen Rundgang beendet hatte und in die Nacht hinaushorchte, spürte ich deutlich einen Kreis aus Klängen.

Meinem Mann und den Kindern sagte ich nichts, aber nachdem ich ihre Gesichter, eine Mischung aus Furcht und Freude, in der Stube gesehen hatte, beschloss ich, dieses Schellenritual jedes Jahr wieder zu machen.

Ich mache es auch heute noch (wieder im Dorf), zum großen Erstaunen meiner Nachbarn.«

*Bärbel Bentele*

 **Schamanische Ritual-Notfall-Apotheke**

Aus diesen Zutaten können wirksame schamanische Notfalltropfen in Zeiten der Bedrängnis bestehen:

– Zentriere dich über deinen Atem, erinnere dich an dein Wissen, an deine Kraft, wecke sie mit deinem Atem auf!

– Ducke dich nicht, verstecke dich nicht – zeige dich, werde aktiv, handle!

– Besinge deine geistige Stärke, deine Fähigkeiten, dein Wissen.

– Rufe all die Menschen und geistigen Kräfte laut herbei, die dir in deinem Leben heilsam begegnet sind.

– Pfeife! Rufe den Wind herbei, dass er verwirbelt und fortfegt, was dich einengt, bedrückt, ängstigt, sorgt.

– Räuchere! Rufe die Feuerfrau. Unheilsames soll sie verbrennen und in Heilsames wandeln.

– Wende die reinigende, klärende Kraft des Wassers an! Rituelle Waschungen mit Schutzpflanzen oder entsprechende Pflanzenessenzen können das Übel abwaschen und einen energetischen Schutzmantel um dich legen.
– Sei laut! Bewege dich. Trommle, rassle, singe, rufe, stampfe mit den Füßen die Erde wach, spüre sie unter deinen Füßen.
– Bringe dich über deine Stimme, den Klang, den Rhythmus, die Räucherung und vor allem über deine Konzentrierung auf deine Notfall-Lösungsabsicht in einen wachen, konzentrierten Bewusstseinszustand.
Nimm wahr, wie sich energetische Kraft neu in dir entfaltet und wächst – und Geist und Körper erfüllt.

## Schutz kommt von innen, nicht von außen

Schutz kommt von innen, nicht von außen – dies ist nicht nur im Schamanismus, sondern ein in allen geistigen Traditionen verwurzeltes Wissen. So habe ich es auch erfahren. Aber es gibt geistige und energetische Krisensituationen, in denen ich meinen Ritual-Rettungsanker auswerfe und mir durch dieses rituelle Ankern einen energetischen Schutzraum aufbaue, in dem ich durchatme, zur Ruhe komme. Dieser rituelle Anker ist ein mir vertrautes und mich stärkendes Ritual. Durch das innere und äußere Handeln im Ritual trete ich wieder in bewussten Kontakt mit meiner inneren Kraft, ankere in mir und bewirke so, dass Stärkung und Schutz sich aus meinem Inneren heraus erneut entfalten können.

Darin liegt ein Geheimnis der Wirkungskraft schamanischer Rituale: Sie haben die Macht, etwas in mir zu bewirken, durch das die nicht beherrschbaren Geschehnisse in einen Ordnungs-Zusammenhang gebracht werden. Dieser Zusammenhang beruht auf Resonanz und Geist und der Erfahrung, dass ich Anteil von beidem bin, Anteil der Lebensordnung – auch wenn sie nicht zu beherrschen ist, aber zu meistern.

Die eigenen erfahrenen energetischen Schwächen und die Erfahrungen mit Menschen in mit schamanischen Methoden arbeitenden Gruppen haben mir Wege gezeigt, über die Wirkkraft von Ritualen Energien zu wandeln.

Einige der mir vertrauten, heilsam wirkenden Menschen, mit denen ich im Bewusstseinsfeld Schamanismus verbunden bin, haben mich mit ihrer Erfahrung in Ritualen der Wandlung unterstützt und ihr erfahrenes Wissen mit mir geteilt.

Ich gebe auch ihre Ritualerfahrung als Anregung und Unterstützung zum eigenen rituellen Handeln hier weiter. Das Teilen von Erfahrungen und Erkenntnissen ist für mich einer der Hauptfäden im Gewebe schamanischen Wirkens. Wir lernen voneinander und miteinander, so stärken wir uns selbst und die geistige Gemeinschaft, in der wir uns über Rituale und das gemeinsame Gehen eines spirituellen Weges verbinden.

Sich bewusst zu Gemeinschaften zusammenzufinden, kann eine wirkungsvolle Bündelung von geistiger Kraft und bewusstem Handeln sein.

Die Frauen des Volkes der Nootka stärken ihre durch die europäischen Eindringlinge fast zerschlagene Wissenskraft dadurch, dass sie sich in das überlieferte Wissen ihrer Vorfahren einweben. Neue spirituelle Frauengemeinschaften finden sich zusammen, zum Wohl des wieder erwachenden Geistes ihres Volkes und ihres eigenen Geistes:

> »*Überall gibt es Frauen mit Fragmenten;*
> *wenn wir lernen zusammenzukommen, sind wir ganz;*
> *wenn wir lernen, den Feind zu erkennen,*
> *werden wir erkennen, was wir wissen müssen*
> *um zu lernen, wie wir zusammenkommen.*
>
> *Ich kenne die vielen lachenden Gesichter meines Feindes.*
> *Ich kenne die Anmaßung der benützten Waffe.*
> *Ich war der Feind*
> *und lerne wohl, mich selbst zu kennen.*«

Heilsame Bündelung der Wirkkraft in einem Ritual gilt auch für kleine Gemeinschaften »auf Zeit«, die sich für einen Tag oder eine

Woche mit einer gemeinsamen Absicht zusammenfinden. Der Austausch und Umgang mit Menschen, die den gleichen geistigen Pfad gehen wie ich, ist mir eine tiefe Kostbarkeit. Aus diesen Begegnungen schöpfe ich Kraft für meinen Lebensweg, wächst das Vertrauen in meine innere Stärke. Auf meinen energetischen Schutz zu achten, bedeutet für mich nicht nur bewusste Ritualarbeit und achtsamer Umgang mit Menschen, die zu meiner geistigen Familie gehören, sondern bedeutet auch, Situationen und Menschen auszuweichen, von denen ich weiß, dass sie mir nicht gut tun.

 Schamanische Rituale haben das Potenzial zu bewirken, dass nicht beherrschbare Geschehnisse in einen heilsamen Ordnungs-Zusammenhang gebracht werden.

– Schamanische Rituale sind Rituale in Gemeinschaft. Rituelle Gemeinschaft kann eine intensive Bündelung von geistiger Kraft und bewusstem Handeln bewirken.

– Teilen und Tauschen von Erfahrungen und Erkenntnissen ist ein den Einzelnen und die Gemeinschaft stärkendes Prinzip in schamanischen Welten.

## Federleicht und baumstark – Rituale für energetische Stärkung

Es gibt Zeiten, da würde ich mich am liebsten tief unter die Wurzeln einer alten Linde verkriechen, so dass mich nix und niemand erreichen kann und dass die Linde mich in ihre Heilkräfte einhüllt, damit verschwindet, was mich in mein Wurzelversteck getrieben hat: das Gefühl, dass sich alle Last und aller Druck der Welt auf mir ablädt, dass mein Herz immer schwerer wird, meine Lebensenergie immer schwächer, mein Geist immer trüber und die Seele immer trauriger wird.

Druck wird zur Bedrückung, Last zur Belastung. Aus der Stärke, etwas tragen zu können, wird ein Zustand der Schwäche: etwas ertragen zu müssen.

*»Wir sind im Alltag mit Ritualen der Anpassung ständig überfordert, das baut immer mehr inneren Druck in uns auf.«*
Gisela Rohmert

Unsere alltäglichen Lebenszusammenhänge bieten nur selten den Raum, sich im Zustand dieser energetischen Schwäche in altbewährter Schamaninnenart längere Zeit alleine in die Natur zurückziehen zu können. Im Schonraum eines Rückzugs aus der alltäglichen Welt ist es gut möglich, sich durch bewusste Rückbindung an die eigene Kraft, an die Kraft der geistigen Welten und auch der Pflanzen- und Tierwelten, sich von allen Belastungen bewusst zu entlasten und erneut sein Energiefeld zu stärken.

Doch was kann ich tun, wenn ich im Zustand energetischer Schwäche bin, belastet und bedrückt, ohne die Möglichkeit eines klärenden, stärkenden Rückzugs?

Bei einer Wanderung auf dem an Natur und mythischen Geheimnissen reichen Hohen Meissner, dem Hausberg der Frau Holle, fiel mir aus dem sprichwörtlichen »heiteren Himmel« die Feder eines Eichelhähers vor die Füße. Ich blickte in die hohen Buchendächer, hörte die Warnrufe des gefiederten Waldwächters, sah ihn aber nicht. Versonnen drehte ich die schmale, schwarze Feder mit dem weißen Streifen und der winzigen hellblauen Zeichnung in meiner Hand. Meine Füße waren leicht und sicher über die bemoosten Steine des Bannwaldes gegangen, aber mein Herz war schwer, ein tiefer Kummer bedrückte mich. Sollte ich dieses schöne Federgeschenk als Antwort auf meinen Kummer nehmen? Kaum gedacht, schimpfte der Eichelhäher auch schon wieder los und warnte seine Tierfreunde weiter vor dem Eindringling in ihre stille Buchenwelt. Ich rief ihm zu, dass ich schon auf dem Rückzug sei, bedankte mich auch für die schöne Feder und trat aus dem Wald heraus auf eine dieser süß duftenden Sommerblütenwiesen des Hohen Meissners. Ich weiß, es liest sich sicher seltsam – aber so war es: Ich setzte mich ins Gras und sah schon wieder eine Feder, dieses Mal steckte sie senkrecht in den langen Grashalmen: eine braun-weiß gestreifte Habichtsfeder.

Da nahm ich, berührt vom Zu-Fall, die beiden Federn und erinnerte mich an alte Geschichten, in denen erzählt wurde, dass in den Federn etwas von der Lebenskraft des Vogels erhalten bleibt und auf den Menschen übergeht, der die Feder bei sich trägt (am wirksamsten direkt auf der Haut). Ich atmete auf die Feder und zog beim Einatmen diesen Hauch der Vogel-Lebenskraft zu meiner Stärkung in mich auf. In dieser bewussten Zuwendung zum Geist des Vogels verband ich mich mit einer anderen Dimension von Zeit und Raum – ich ging damit über die Begrenztheit meiner Körperlichkeit hinaus in die Bereitschaft, meine Grenzen zu erweitern.

> *»Der Vater nahm die Federn und atmete den Hauch, der von ihnen ausging, ein. Dabei sprach er: ›Vater der Adler, gib mir langes Leben und ein starkes Herz. Du reist so weit und fliegst so hoch, dass dein Atem klar und mächtig sein muss. Mach mein Herz rein wie deines. Ich atme den Hauch deiner Federn ein, damit ich so stark werde wie du.‹«*
> Aus der Mythe des Volkes der Zuni: Warum die Kachinas Adlerfedern tragen

Noch einmal hauchte ich meinen Atem über die Federn und nahm sie als Lehrerinnen für meine momentane Situation der Bedrückung an.

Dieses war die erste Lehre, die sie mir auf der Sommerwiese gaben: »So wie der Vogel auf seinem Flug aus der Distanz das Große als klein wahrnimmt, so will auch ich mit scharfem Vogelblick das, was mir groß und schwer erscheint, als klein und leicht erkennen können.«

Ich blies meinen Kummer in die Federn hinein mit der Absicht um energetische Wandlung von Bedrückung in Leichtigkeit.

Dann steckte ich die beiden Feder-Lehrerinnen in meinen Ritualbeutel zum Salbei und Tabak und setzte meine innere und äußere Wanderung fort – denn das war erst der Beginn des Feder-Wandlungsweges. Es wanderten in den nächsten Wochen noch etliche Findefedern in meinen Beutel, denn großer Kummer braucht große Wandlung, nach und nach. Irgendwann stimmte es, die Federn wieder der Luft zu übergeben, irgendwann war die Wandlungs-Wanderung beendet – mein Herz war wieder leicht und zuversichtlich, obwohl sich an dem äußeren Anlass meines tiefen Kummers nichts geändert hatte. Aber ich hatte mich geändert.

*Lehrmeister meiner Malerei sind die Vögel.*
*So wie ihr Gesang mein Gehirn harmonisiert*
*und mich vom Denken befreit*
*durch Empfindung von Freude,*
*so ist ihr Flug für mich der freie Flug des Geistes*
*und Ausdruck der Hingabe*
*an die Bewegung des Lebens-Windes.*
*So wie der Blick des Vogels die Weite erfasst*
*und das winzige Einzelne zugleich –*
*so spüre ich in meinen Bildern*
*der wundersamen Intelligenz des Lebens nach,*
*dem Samenkorn im Wind.*

 Federleicht

– Gehe alleine in die Natur.
– Sei aufmerksam, habe Geduld: Finde Vogelfedern, suche sie nicht.
– Begebe dich auf diesen äußeren Feder-Finde-Weg mit der inneren Absicht:
*So wie der Vogel auf seinem Flug aus der Distanz das Große als klein wahrnimmt, so will auch ich mit scharfem Vogelblick das, was mir groß und schwer erscheint, als klein und leicht erkennen können.*
*So wie die Feder leicht, zart und gleichzeitig widerstandsfähig und tragfähig ist, so soll mich der Geist des Vogels mit diesen Qualitäten stärken, damit sich in mir Schweres in Leichtes wandeln kann.*

– Findest du eine Feder, bedanke dich beim Vogel für das Geschenk und atme den Lebenshauch der Feder ein.
– Dann behauche die Feder mit deinem Atem. Gib mit deinem Atem den Kummer, den Druck, die Last, die Angst hinein, von der du möchtest, dass sie sich in »federleicht« wandelt.
– Bewahre die Feder in einem besonderen Beutel auf – dort, wo du den Beutel oft sehen kannst und du dir bei seinem Anblick immer wieder der Feder/n bewusst bist.
– Finde so lange Federn, bis du jede deiner Lasten auf eine Feder gehaucht hast.
– Dann gehe mit deinem Federbeutel, einer Rassel und einer Tüte Mehl auf eine Wiese oder eine Lichtung, an der du ungestört bist.
– Streue mit dem Mehl eine Spirale auf die Erde. Sie sollte so groß angelegt sein, dass du gut in ihr gehen kannst.
Beachte: Die Windung der Spirale zum Mittelpunkt hin muss unbedingt nach links gehen, so dass du dich zu deinem Herzen hin in die Spirale hinein bewegst.
– Stelle dich mit den Federn in der Hand vor den Eingang zur Spirale, möglichst barfuß, atme einige Male ruhig ein und aus und spüre die Erde unter deinen Füßen.
– Beginne zu rasseln. Berassle dich von den Füßen bis zum Kopf und singe laut: Ich wandle, wandle, wandle!
– Berassle deine Federn und besinge oder besprecke dabei laut die Last, die du auf jede Feder gehaucht hast.
– Dann schreite langsam die Spirale bis zum Mittelpunkt ab. Rassle zum Takt deiner Füße und singe oder spreche laut aus:

*Vögel, ihr lehrt mich,*
*Federn, ihr tragt mich:*
*Ich bin bereit zum Handeln,*
*ich bin bereit zum Wandeln!*
*Das Schwere wird leicht sein,*
*der Druck wird sanft sein,*
*das Dunkle wird hell sein,*
*das Enge wird weit sein,*
*die Schwäche wird Kraft sein,*

*die Angst wird Vertrauen sein.*
*Ich bin bereit zum Handeln,*
*ich bin bereit zum Wandeln!*

– Wenn du in der Mitte der Spirale angekommen bist, strecke die Hand mit den Federn hoch in den Himmel, lege die andere Hand auf dein Herz.
– Drehe dich langsam viermal um dich selbst, zum Herzen hin.
– Nach der letzten Drehung bleibe stehen und rufe laut:

*Fliegt, fliegt, fliegt davon!*
*Ich brauche euch nicht mehr!*
*Ich bin bereit zum Handeln,*
*ich bin bereit zum Wandeln!*

– Wirf die Federn hoch in die Luft – und laufe die Spirale hinaus. Beachte die Federn nicht mehr.
– Singe, tanze – feiere deine beginnende Leichtigkeit! Am besten zusammen mit federweisen Freundinnen und einem Glas Federweißen!

Das Wissen, dass sich heilsame Gedanken, die durch rituelle Handlungen in Bewegung gesetzt werden, zum Wohle aller Lebewesen vervielfachen, findet in allen schamanischen Kulturen einen Ausdruck. Über unseren Körper werden der große Wind Luft und der kleine Wind unseres Atems in Bewegung gesetzt. Diese Bewegungen verwirbeln die vervielfachten Wünsche und Absichten in die Welten des Geistes – in denen alle Möglichkeiten an Antworten darauf warten, sich in unserer Welt zu verwirklichen.

Die Grundbewegung allen Lebens besteht im Einfalten und Ausfalten, im Einatmen und Ausatmen. Diese Bewegung ist die Quelle dessen, was sich in Materie manifestiert.

Spiralen können machtvolle Initiationswege zum Erkennen des eigenen Wesens sein. Auch der Lebensweg ist eine Spirale, ein Wirbelweg der Wandlung.

Eines der ältesten Zeichen, das Menschen dargestellt haben, bezeugt das Wissen von der Bewegung des Lebens – es ist die Spirale.

Sie rollt sich ein, sie rollt sich aus. Der entscheidende Moment in dieser Bewegung ist der Punkt zwischen diesen beiden Bewegungen – die Mitte, in die alles hineinfließt und aus der heraus es sich neu entfaltet. In der Mitte der Spirale sein beinhaltet, im Innersten, im Zentrum, zu sein.

*Die Mitte ist Leere und Fülle zugleich.*
*Die Fülle entfaltet sich aus der Leere.*

In der Bewegung des *Einfaltens* kehre ich zurück zum Mittelpunkt meines eigenen Wesens. Ich *entfalte* mich neu aus mir selbst heraus, aus dem Moment des Innehaltens zwischen dem Aus- und dem Einatmen. Dieser Moment des *Dazwischen* ist kreative Leere. Die *alte Fülle* liegt hinter mir, die *neue Fülle* liegt vor mir. In der Mitte bin ich in der Bereitschaft zur neuen Bewegung, aus der Mitte heraus entfaltet sich der Wandel, der Tanz der Entfaltung. Mit jedem Schritt, der wieder aus der Spirale hinausführt, wächst neue Fülle in mir.

*Schritte der Wandlung*
*Vielfältig sind die Schritte der Wandlung, mit denen rituelle Wandlerinnen den Tanz der Entfaltung in Bewegung setzen: Rituelle Gesten – kreis- oder spiralförmige Bewegungen – das Verblasen von Maismehl, Rauch und Räucherungen – das Werfen von Reis, Blüten – das Versprühen von Wasser, Alkohol und Pflanzenessenzen – das Flattern von bunten Bändern an Schamanengewändern und an Wunschbäumen.*

Eines Tages, nachdem wir in einer Gruppe von Frauen gemeinsam den letzten Part des Wandlungsrituals »Federleicht« in der Spirale gelaufen waren und danach einen sehr vergnüglichen Feier-Abend miteinander verbracht hatten, überraschte mich eine lange nicht gesehene Freundin mit ihrem Besuch. Wie das so ist mit dem Gesetz der Anziehung: Sie kam an diesem für mich so federleichten Tag, weil es ihr sehr schwer erging.

»Ich habe das Gefühl, die ganze Welt legt ihre Last auf meinen Schultern ab. Mir ist das ganze Leben so schwer geworden. Ich komme mir vor wie der Wolf bei Rotkäppchen, dem im Schlaf der Bauch mit Steinen gefüllt wurde.«

Da erzählte ich vom Federleicht-Spiral-Ritual, und die spontane Reaktion der Freundin war: »Das gefällt mir gut, so will ich es auch machen. Aber ich werde aus den Federn Steine werden lassen, dann stimmt es für mich.«

Die steinschwer bedrückte Freundin nahm sich einige Tage Zeit um herauszufinden, was sie wollte: Welches ihre tiefe Absicht war, welche Art von ritueller Handlung es sein sollte, wann und wo das Ritual stattfinden sollte, ob und von wem sie sich Unterstützung erwünschte.

Sie erbat sich die innere Unterstützung und äußere Anwesenheit einiger Freundinnen, wählte sich eine Wiese mit weitem Blick über die Landschaft aus, und entschied sich für eine ungewöhnliche Zeit der Durchführung des Rituals: frühmorgens, vor Sonnenaufgang.

Es war zwar Sommer, aber das frühe Aufstehen hat uns dennoch alle etwas aufstöhnen lassen. Doch diesen Zeitpunkt hatte die Freundin entsprechend ihrer Empfindung für sich selbst sehr weise gewählt:

schwer belastet aus der Dunkelheit der Nacht in das Licht des neuen Morgens gehen – entlastet und leicht.

»Wenn die Nacht am tiefsten ist, ist der Tag am nächsten«, sang später beim üppigen Frühstück auf der Wiese Rio Reiser aus dem tragbaren CD-Player, und die Freundin sang den Refrain lachend und mit wilder Entschlossenheit mit. Das Lied lief und lief ... Bis sich die Kühe auf der Nachbarwiese brüllend beschwerten.

Dieses Steinschwer-Ritual wirkt auch, wenn es zu anderen Tag- oder Nachtzeiten durchgeführt wird.

## Steinschwer

Achte darauf, möglichst unbegrenzt Zeit für dieses Ritual zu haben.

– Vorbereitung:

Du brauchst für dieses Ritual einen stabilen, leeren Rucksack, eine kleine Schüssel, Wasser und evtl. Mehl.

Suche dir eine Wiese oder eine Lichtung.

Wenn dich Freundinnen im Ritual begleiten, bitte sie, für dich eine Spirale zu legen, während du den Stein-Streifgang durch die Natur unternimmst.

Die Spirale sollte so groß sein, dass du gut in ihr gehen kannst. Beachte: Die Windung der Spirale zum Mittelpunkt hin muss unbedingt nach links gehen, so dass du dich zu deinem Herzen hin in die Spirale hinein bewegst.

In die Mitte der Spirale stelle die mit Wasser gefüllte kleine Schüssel.

Bitte die Freundinnen, für dich Pflanzen, Blüten, Blätter für dein rituelles Abschluss-Reinigungsbad zu sammeln und sie in die Wasserschüssel zu legen.

Führst du das Ritual alleine durch, dann streue mit Mehl die Linien einer Spirale auf die Erde, stelle die Wasserschüssel in die Mitte und sammle als Erstes Pflanzen, Blüten, Blätter für dein rituelles Reinigungsbad zum Abschluss des Rituals.

– Führe die Vorbereitungsübung aus.

– Begebe dich mit dem leeren Rucksack auf Wanderschaft, streife intuitiv durch die Gegend.

– Spüre beim Gehen nach: Was bedrückt dich zurzeit am schwersten?

Was möchtest du loswerden?

– Kannst du es benennen, suche einen Stein, der für dich ein Ausdruck für die Last ist, die dich zurzeit am schwersten drückt.

– Behauche den Stein mit deinem Atem und der Absicht, die Last aus dir heraus in den Stein zu geben.

– Lege den Stein in den Rucksack, trage ihn auf deinem Rücken.

– In dieser Weise erspüre in dir alle Belastungen. Auch Verletzung, Zweifel und Nicht-Anerkennung können Belastungen

sein. Finde den entsprechenden Stein dazu und fülle so deinen Rucksack.
– Wenn es keinen Anlass mehr in dir gibt, einen Stein in den Rucksack zu legen, gehe zurück zur Spirale.
– Begleiten dich Freundinnen, bitte sie, sich um die Spirale zu stellen und für dich im Rhythmus deiner Schritte beim Lauf in die Spirale zu rasseln oder zu trommeln, bis du das Ritual beendet hast.
– Lege deine Lasten-Steine am Eingang der Spirale hin.
– Nimm einen der Steine auf, schau ihn dir an und erinnere dich an die Art der Schwere, die du in ihn hineingegeben hast.
– Gehe bedächtig in die Spirale mit Aufmerksamkeit auf die Last, die in dem Stein ist.
– Bist du alleine, begleite rasselnd deine Schritte und besinge das, was der Stein für dich trägt. Rasseln oder trommeln die Freundinnen für dich, besinge ebenso deinen Stein.
– In der Mitte der Spirale lege den Stein ab,
drehe dich einmal zum Herzen hin um dich selbst,
und laufe springend, hüpfend mit Leichtigkeit aus der Spirale hinaus – pfeifend, singend, rasselnd.
– Gehe in dieser Weise mit jedem einzelnen Stein die Spirale, schichte die Steine in der Mitte zu einer Pyramide auf.
– Hast du den letzten Stein abgelegt, führe eine rituelle Reinigung mit dem Kräuterwasser aus. Konzentriere dich darauf, dass du dich mit diesem Wasser reinigst von allen energetischen Störungen und Lasten, die du in den Steinen hierher getragen hast.
Wasche deine Hände, dein Gesicht, verreibe auch Wasser auf dein Herz, gieße dir etwas Wasser über den Kopf.
– Dann gieße das Wasser über deinen Steinhaufen und sprich laut Worte dazu, mit denen du dich von den Lasten löst und mit denen du die Kräfte der heilsamen Wandlung zu deiner Unterstützung rufst.
Finde deine eigenen Worte, besinne dich auf Menschen und Kräfte, die dich in diesem Prozess des Wandels unterstützen können.

Als hilfreich habe ich es bei diesem Ritual empfunden, klar auszusprechen, dass die Lasten, die jetzt in den Steinen vor mir liegen, nicht mehr zu mir gehören. Ich löse sie von mir, ich löse mich von ihnen.
– Laufe laut singend, auch schreiend, aus der Spirale hinaus. Umtanze sie mehrmals mit stampfenden Schritten, zum Herzen hin.
– Erschüttere die Erde unter dir, mache dich bemerkbar.
Die Erde ist die Mutter des Geistes der Wandlung.
– Wenn möglich, lass die Steine dort einige Zeit liegen, wenigstens bis nach dem nächsten Regen. Dann lege sie wieder zurück in die Landschaft.

*Den Ideenanstoß für dieses Ritual gab Barbara Schwipper, Therapeutin.*

### Großmutter Buche – Ein Ritual der Wandlung

Bunte Stoffstreifen flattern an Quellen und schamanischen Ritualplätzen in Eurasien, alte Geschichten erzählen in unserer Kultur von Bäumen und Sträuchern als den rituellen Orten der Wandlung. Die Begegnung mit beidem hat bewirkt, dass jetzt auch in der Lüneburger Heide aus einer Buche ein ritueller Wandlungsbaum geworden ist.

Verborgen zwischen Kiefern steht neben drei eng zusammenstehenden Eichen die alte Buche, die aus einer Wurzel heraus sich in drei Stämme aufgeteilt hat. Wie der weite, schützende Rock einer Großmutter aus Märchenzeiten breiten sich die Zweige aus. Will ich zu ihrem Stamm gehen, muss ich mich unter den Zweigen hindurchbücken.

Es ist mein Lieblingsplatz bei uns im Wald. Dorthin gehe ich, wenn ein Gedankenmarathon in meinem Kopf stattfindet und nicht enden will. Dorthin gehe ich, wenn mich etwas bedrückt oder ich mich schwach, unsicher und nicht mehr die Verbindung mit meinem innersten Sein spüre. Zwischen den drei Stämmen der Buche, dort, wo sie zusammengewachsen sind, ist eine Mulde entstanden. Diese Vertiefung ist der Platz, in den ich meine rituellen Gaben für den Geist der Großmutter Buche lege.

### Großmutter Buche – Ein Ritual der Wandlung

Komme ich zur Großmutter Buche, umrunde ich dreimal den Stamm, links herum, lege die mitgebrachte Gabe in die Mulde und begrüße den Geist der Buche.

– Ich lehne mich an ihren glatten Stamm und »tue« lange Zeit weiter nichts, als dem Rauschen ihrer Zweige zu lauschen, ihren Geruch einzusaugen, den mit ihrem Laub und ihren stachligen Samenhüllen überzogenen Boden unter mir zu spüren.

– Leise erzähle ich dann dem Baum, wie es mir geht und was mir fehlt. Das ist einer der mir kostbaren Momente auf meinem geistigen Weg, in dem ich alles kluge Wissen vergesse und mich ohne Bedenken wie ein Kind fühle, das »richtig« ist, wie es ist. Das angenommen und geliebt ist, mit allen Fehlern und Eigenarten.

Und dann mache ich, was vor mir viele feinsinnige, geistig wache und bewusste Ritualfrauen gemacht haben und immer noch machen: Ich handle.

– Ich behandle mich durch und in meinem Handeln und gebe meinem Wunsch um Wandlung und Stärkung einen hörbaren und sichtbaren Ausdruck:

– Ich hauche meinen Wunsch und meine Bereitschaft zu Wandel auf einen mitgebrachten Wollfaden und knüpfe ihn locker in die Äste.

– Ich bitte den Wind, diesen Wunsch zu verwirbeln, vervielfacht in die Welten zu tragen, damit er auf hilfreiche Resonanz stößt und sich erfüllt.

– Sehr genau achte ich darauf, mit dem Wunsch um Wandel keine feste Vorstellung von der Art und Weise der Erfüllung des Wunsches zu verbinden.

– Nun richte ich mich auch an Großmutter Buche und fordere sie auf, diesen bunten Wollfaden mir wohlgesonnen in ihren Lebens-Rock einzuweben und mich mit ihrer Energie zu unterstützen.

– Ich gebe meinem Wunsch und meiner Bereitschaft zum Wandel Ausdruck in Worten und Klang. Singend umkreise ich so lange den Baum (wieder nach links, zu meinem Herzen hin), bis ich mich leicht und klar fühle.

Die alte Buche ist zu einem regen Kommunikationsplatz für fliegende und vierbeinige Wesen geworden: Bunte Wollfäden schmücken schon so einige Vogelnester, und die Opfergaben aus meiner Studentenfuttertüte lassen die kleinen Bäuche der Eichhörnchen rund werden ... Bei so viel Unterstützung in der Vervielfachung in meinen Anliegen wundert es mich nicht, dass die meisten auffällig schnell heilsame Lösungen finden.

Noch weniger wundert mich, dass unsere weisen Ahninnen, die Buchenzweige zur Weissagung benutzten, aus dem Rauschen des Buchenlaubes die Stimme der Götter vernahmen und daraus die Zukunft deuteten. Buchen waren vor der Christianisierung bevorzugte Opferbäume, besonders Blutbuchen galten als heilige Bäume.

### Erde, Himmel und alle Wesen – Ein Ritual zur Wandlung von Unsicherheit in Vertrauen

Ellika Linden hat mir das folgende Ritual zum Weitergeben weitergegeben.

Wenn ich nicht mehr zentriert in mir bin oder Angst vor etwas habe, beispielsweise vor dem Fliegen, stärke ich mich in diesem Ritual durch die bewusste, dankbare Verbindung mit allen Lebenskräften. Ich ordne die geistigen Kräfte den Richtungen, Elementen und Wesen so zu, wie ich es im Leben der Ureinwohner des Volkes der Wampanoak im Norden der USA kennengelernt habe und wie es mir heute entspricht. Je nachdem, wie viel Zeit ich zur Verfügung habe, kürze ich das Ritual oder weite es aus. Hier ist meine Anregung zum Wandel von Unsicherheit und Angst in Vertrauen und Kraft:

– Nimm eine Räucherung, die für dich Schutzqualität hat und ein Glas Wasser und etwas Getreide als rituelle Gabe. Gehe damit nach draußen.
– Beräuchere dich mit der Absicht, bereit zu sein für energetische Wandlung.
– Nimm etwas Getreide in die Hand, werfe es in die Luft und auf die Erde. Verbeuge dich als Zeichen des Respekts und der Dankbarkeit vor der Erde, dem Wasser, der Luft und den Wesen, die dort leben.
– Sprich laut deinen Dank an die Mutter des Lebens aus. Ich mache das mit folgenden Worten:
*Ich danke dir, Mutter allen Lebens. Ich danke dir für alles, was du jeden Tag gibst. Für deine Großzügigkeit, mit der du mir alles gibst, was ich zum Leben brauche: Essen, Unterkunft, Wärme und Schönheit.*
*Ich danke dir für mein Leben.*
– Ich sehe mich um, nehme die Pflanzen, Bäume um mich herum wahr und danke auch ihnen:
*Ich danke all meinen Schwestern und Brüdern:*
*den Pflanzenwesen mit Wurzeln in der Erde,*
*den Bäumen und Blumen.*
– Ich nehme all die kleinen Kriechtiere in und auf der Erde unter mir wahr, auch die Insekten in der Luft. Ohne sie wäre es nicht möglich, mein Leben zu leben. Ich danke ihnen.
– Ich bin mir der Lebewesen im Wasser bewusst und danke ihnen für ihr Leben.
– Ich danke allen Schwestern und Brüdern, die mit mir auf der Erde leben, für ihre Geschenke des Lebens, mit denen sie mein Leben möglich machen:
*den Wesen mit zwei, vier und vielen Beinen,*
*den fliegenden und singenden Vögeln,*
*besonders danke ich auch Schwester Wasser*
*und Bruder Wind und Bruder Feuer.*
*Ich danke der Sonne und dem Mond,*
*den Sternen und dem unendlichen All.*
*Sie alle halten mich am Leben.*

*Ich danke dem Urgeist allen Lebens,*
*der großen, schöpferischen Lebensmutter.*

– Nun wende ich mich den Himmelsrichtungen zu mit den Gaben von Wasser und Getreide in meinen Händen.
– Ich drehe mich zum Norden, gebe etwas Getreide in den Norden:
*Ich grüße dich, Geist des Nordens!*
*Ich danke dir für den Männer-Geist,*
*für Stärke, Mut, Weisheit und den Körper.*
Ich tröpfle etwas Wasser auf die Erde.

– Ich wende mich dem Osten zu, gebe etwas Getreide in den Osten:
*Ich grüße dich, Geist des Ostens!*
*Ich danke dir für den Beginn von allem.*
*Für Geist, Bewusstsein, Verständnis,*
*für Kreativität und Ideen und für die Neugeborenen.*
Ich tröpfle etwas Wasser auf die Erde.

– Ich wende mich dem Süden zu, gebe etwas Getreide in den Süden:
*Ich grüße dich, Geist des Südens!*
*Ich danke dir für den Frauen-Geist,*
*für den Geist der Liebe,*
*für Freundschaft, Vertrauen, Gefühle.*
Ich tröpfle etwas Wasser auf die Erde.

– Ich wende mich dem Westen zu, gebe etwas Getreide in den Westen:
*Ich grüße dich, Geist des Westens!*
*Ich danke dir für den Geist,*
*für die Einsicht,*
*für Geburt und Tod und*
*für die Verbindung zu allem – denn wir sind eins.*
Ich tröpfle etwas Wasser auf die Erde.

– Ich drehe mich im Sonnenlauf, nach rechts herum um meine Achse, gieße dabei mit dem Wasser einen Kreis um mich herum und rufe freudig aus:
*Danke dir, Mutter allen Lebens!*
*Danke dir, Vater allen Lebens!*
Die letzten Wassertropfen werfe ich hoch in den Himmel.

Nach diesem Ritual bin ich immer ganz erfüllt von der Gewissheit:
Ich bin geliebt, geschützt und geborgen im großen Lebensgeist. Und was immer mir geschieht – so ist es und so wird es sein, auch in der Stunde meines Todes. Auch in der Welt danach.

»*Ich bin das Meer.*
*Ich bin die Berge.*
*Ich bin das Licht.*
*Ich bin ewig.*«
Aus den Mythen des Nootka

## Vom Wandel unruhiger Geister: schamanische Schutzstäbe

Auf einer meiner ersten Reisen in die Welten Amazoniens war ich einige Zeit zu Gast bei einer alten heilkundigen Frau, die dort zusammen mit ihrem ebenfalls heilkundigen Mann und fünf Enkelkindern in einer offenen Hütte lebte. Ich hatte den Luxus einer kleinen Hütte für mich alleine. Es ging mir gut dort. Die Tage an der Seite der pflanzenkundigen Frau waren leicht, freundlich und reich gefüllt mit neuen Erfahrungen von Pflanzengeistern.
Aber die Nächte hatten nichts von der Leichtigkeit der Tage. Ich wurde heimgesucht von dunklen, bedrohlichen Träumen, so dass ich mich morgens schwer damit tat, wieder in die Tagwelt zu kommen.
Die alte Frau sah mir bei meinem morgendlichen Weltentaumel einige Tage lang schweigend zu. Dann sprach sie mich darauf

an: »Du gehst nachts in andere Welten, die dir Angst machen?«
Ich nickte.
»Was geschieht dir dort?«
»Ich gehe im Traum auf Wegen, die ich aus dem Dorf meiner Kindheit kenne. Es ist aber nicht wie in einem Traum, es ist wie in dieser Wirklichkeit. Alle Toten, die ich kannte, gehen auch auf diesen Wegen, sie wollen mich mitnehmen, aber ich will nicht mitgehen. Es sind so viele. Ich habe von Geburt an viel Tod um mich herum erlebt. Meine Toten sind alle sehr freundlich und sagen, ich soll nach Hause kommen. Ich habe Angst im Traum, ich will nicht mit ihnen gehen.«

»Jemand von diesen Toten hat einen Teil von dir bei sich behalten, als er starb«, sagte die alte Frau nach einer Weile des Schweigens.

Ihr Mann, der uns zuhörte, nickte bestätigend.

Auch ich nickte, die Sicht der alten Heilfrau machte Sinn für mich. Ich wusste auch, wer von meinen Toten einen Teil von mir bei sich behalten hatte.

Ohne weiter in mich mit Fragen einzudringen, verbrachten wir den Tag wie üblich miteinander. Nicht üblich war, dass der alte Mann den ganzen Tag vor der Hütte saß und aus dem Holz der *Chonta*-Palme Stöcke schnitzte.

Ich beachtete ihn nicht besonders, denn die alte Frau hatte mir die Aufgabe gegeben, die Blätter von drei Pflanzen zu sammeln, die sie mir gezeigt hatte, und einige Limonen zu zerschneiden. Daraus setzte ich ein Reinigungsbad an, das einige Zeit in der Sonne stehen sollte. Am späten Nachmittag, vor dem Ansturm der Mücken, wusch ich mich damit, goß mir sorgsam mit einer Tasse das Pflanzenwasser über den Kopf.

Die alte Frau beobachtete mein Bad, nickte zufrieden und sagte: »Du wirst ruhig schlafen, jetzt kann dich keine fremde Energie berühren, auch nicht die einer Toten.« Laut rief sie nach ihrem Mann, der in der Hütte in der Hängematte lag. »*Abuelo*, komm, sie ist fertig!«

Der Großvater kam, in seiner Hand hielt er vier schwarze Stöcke. Verwundert sah ich ihn an. »Was ist das?«

»Das sind Stäbe, die nachts deine Seele schützen, so wie Schwerter zur Verteidigung. Kein Geist wird dich belästigen, wenn du einen Stab in jede Ecke der Hütte stellst. Schau her!« Er legte die vier schlanken, dunklen Stäbe vor mir in den warmen Sand. Ein Stab war in Form einer Schlange geschnitzt, ein Stab endete in dem Körper einer Seejungfrau, einer endete in der Gestalt eines Schamanen, der einen Becher *ayahuasca* in der Hand trug, und der vierte Stab war an seinem Ende mit einem Vogel verziert, einem Papagei. Staunend sah ich den *abuelo* an.

»Die hast du für mich geschnitzt?«

»Ja. Weißt du, ich bin an der Küste aufgewachsen. Da hat jeder Heiler solche Stäbe auf seiner *mesa*. Damit reinigen sie den Körper des Patienten und wehren Geister ab, die Schaden und Unruhe bringen. Ich habe die Stäbe für dich mit *mapacho* beblasen und mit Liedern für Abwehr und Schutz besungen, jetzt werden sie die Geister der Toten und die schlechten Träume von dir fernhalten.«

So war es. So ist es.

Die Totengeister sind zurück in ihr Zuhause gegangen und lassen mich in Ruhe schlafen und leben.

Jahre später las ich über die wichtige Bedeutung von Vögeln in der finnischen Mythologie. Dabei wurde erwähnt, dass es eine wirksame Methode war, eine hölzerne Vogelfigur, einen »Seelenvogel«, nachts nahe am Schlafplatz aufzustellen, um so im Schlaf die Seele vor der Begegnung mit herumziehenden Geistern zu schützen.

Seitdem gebe ich die Anregung weiter, sich selbst einen oder vier Schutzstäbe zu schnitzen, wenn durch den Schlaf oder auch durch den Tag unruhige Geister wandern.

Haselstrauch, Wacholder oder Eibe bieten sich mit ihrem Astholz nicht nur zur leichten Bearbeitung an, sondern tragen in sich vielfältige Schutz-und Stärkungsqualitäten, die verankert sind im überlieferten schamanischen Wissen unserer Ahninnen.

*Hasel:* Abwehr von Bösem und von Bedrohungen. Schutz. Weisheit. Zauberkraft. Zauberstäbe, Wünschelruten, Lebensruten.

Verbindung zum Totenreich. Unsterblichkeit. Glück, Fruchtbarkeit.
*Alte Anrede: »Frau Haselin«.*

*Wacholder:* Schutz vor bösen Geistern und Krankheiten. Segensreich. Wohnstätte von Geistern. Weisheit. Lebensbaum. Lebenserweckend. Kraftspendend.
*»Wacholderstrauch, Wacholderstrauch,*
*lass uns den Feind nicht in das Haus!*
*Schließ ihm Tür und Tore zu!*
*Gott, lass uns bei unserer Ruh!«*
Mittelalterlicher Volksspruch

*Eibe:* Zauberei. Schutz gegen Verzauberung, gegen schwarze Magie, Krankheit. Unterwelt, Totenreich, Ewigkeit. Erkenntnis. Wahrsagestäbe, Zauberstäbe.
*»Vor den Eiben*
*kann kein böser Zauber bleiben.«*
Alter Volksspruch aus dem Spessart

 **Ein Schutzstab für Nicht-Schamaninnen**
– Finde das stimmige Holz für deinen Schutzstab. Schaue in Ruhe und mit Aufmerksamkeit nach einem Strauch oder Baum, bei dem du spürst, dass er für dich die Eigenschaften hat, die dein Schutzstab in sich tragen soll, zum Beispiel Schutz, Unberührbarkeit, Stärkung.
– Schneide den Ast, den du für einen Stab brauchst, mit Dankbarkeit an den Baum und in Konzentration auf die Schutzqualitäten.
– Der Schutzstab sollte unten spitz zulaufen und oben in einer Figur, einem Zeichen enden, das für dich sichtbarer Ausdruck einer Schutzqualität ist.
– Betrachte die Arbeit an dem Stab als eine Werk-Meditation. Arbeite dabei für dich alleine, rede währenddessen mit niemandem. Konzentriere dich ganz darauf, die innere Absicht »Schutz« durch die Arbeit deiner Hände im Stab sichtbar und spürbar werden zu lassen.

– Hab den Anspruch, dass der Stab schön wird. Schön nicht im Sinne von dekorativ oder gefällig, sondern schön als Ausdruck der Einheit deines Tuns im Geist, in der Seele und über Hand und Auge deines Körpers.
Diese Art der Schönheit trägt eine Kraft in sich, die beim Betrachten spürbar wird.
– Ist der Stab so, wie du es möchtest – beräuchere ihn, behauche ihn mit deiner Schutzabsicht und lass ihn so zu deinem wirksamen Geisterdolch, zu deinem Geisterschwert werden.
– Wenn es ein Nacht-Schutzstab sein soll, dann decke ihn tagsüber zu.
Oder lass ihn zu einem Tag-Nacht-Stab werden!
Setze ihn so ein, wie es gut für dich ist.

Der Stab stellt keine Regeln auf, die Regeln stellst du auf.

Auf diese Weise habe ich mir auch vier winzige Schutzstäbe geschnitzt und stelle sie auf meinen Reisen vor allem in Hotels nachts in die Zimmerecken.

## Rituale sind Geschenke

Integeres Handeln, das sich aus dem Geist des Schamanismus speist, besteht aus mehr als aus Trommeln oder Rasseln, aus mehr als dem heilsamen Umgang mit Gesängen, Räucherungen, Heilpflanzen, Geistern.

Integeres, heilsames schamanisches Arbeiten ist nicht möglich ohne die geistige Verankerung in einer Gemeinschaft und den Handlungsbezug auf Gemeinschaft. Auch kleine Gemeinschaften »auf Zeit«, für einige Stunden oder Tage, sind solche geistigen Ankerplätze. Aus diesen Ankerplätzen heraus kann das Lebensboot gefüllt mit wirksamem Handeln im Geist des Schamanismus die Meere des alltäglichen und des spirituellen Lebens heilsam durchqueren. Rituale wirken durch mein bewusstes, achtsames, wirksames Handeln – das genährt und geführt wird vom Geist, der in allem ist. Auch in mir.

Leite ich ein Ritual an und habe mir eine ganz besondere, bislang noch nicht so eingesetzte Handlung dazu überlegt – ist es dann »mein« Ritual? Darf nur ich es so machen, weil dieses Besondere »meine Idee« war? Mein oder dein, imitiert oder geklaut – dieses absonderliche Denken drängt sich leider auch in den Umgang mit schamanischen Ritualen.

Absonderlich, weil es nicht weiter reicht als bis zu sich selbst und der Wichtigkeit der Darstellung der eigenen Person. Absonderlich, weil ohne Achtung der einfachsten Grundlage schamanischen Wirkens: teilen und tauschen.

Wir leben und wirken aus dem reichen Erfahrungs- und Wissensschatz all der Menschen, die vor uns gelebt und bewusst gewirkt haben. Wir tragen in uns diese Informationen, wir verändern sie mit unseren Lebensinformationen – und geben sie so zurück in den großen schöpferischen Lebensurgrund. Aus diesem Urgrund heraus entfaltet sich auch meine Kreativität und mein Handeln. Je bewusster ich mir dessen bin, desto tiefer und intensiver kann ich in diesen Urgrund hineintauchen und daraus schöpfen. Und dabei schöpfe ich vielleicht den Impuls für die Durchführung eines Rituals heraus, den im gleichen Moment fünfhundert Kilometer weiter auch jemand berührt hat.

Ist das jetzt mein oder ihr Ritual-Impuls?

Wenn wir, die in schamanischen Bewusstseinswelten wandelnden und handelnden Menschen doch gemeinsam dort »zu Hause« sind und aus der gleichen Quelle schöpfen – dann können wir uns nichts Heilsameres antun, als unser erfahrenes Wissen und unsere erfahrenen Rituale auszutauschen, mit-zu-teilen.

So sorgsam ich mich auch bekleide und ausstatte mit »echten« und »richtigen« Schamanenattributen, die »originalen« Mantren spreche, die »echten« Schamanengesänge singe – und sogar wenn ich detailgetreu ein »echtes« Schamanenritual ausführe –, macht mich das Ganze doch nicht zu einer Schamanin und sagt auch nichts aus über meine heilsame Gabe oder meine eigene Wirkkraft.

*»In der Zeit unserer Väter waren die Geisterbeschwörer einsame Männer. Nun sind sie alle Priester oder Ärzte, Wetter-*

*propheten oder Zauberkünstler, die Fangtiere schaffen, oder pfiffige Kaufleute, die gegen Bezahlung arbeiten. Die Alten opferten sich um des Gleichgewichts im Universum willen, um großer Dinge willen, um unermesslich, unergründlich großer Dinge willen.«*
Der Schamane Najagneq, in: Wie Aua den Geistern geweiht wurde

Ich bin keine Schamanin, keine Heilerin, aber ich bemühe mich heilsam zu wirken und freue mich, wenn ich andere Wirkende auf diesem Weg mit meinen Ritualen beschenken kann. Und wie viele mein Leben bereichernde Rituale habe ich schon geschenkt bekommen und bin dankbar, dass ich sie nutzen und in die Welten tragen kann – zum Wohle aller Wesen!

So habe ich einige Ritualgeschenke bewusst wirkender Menschen aus internationalen, zeitgenössischen schamanischen Welten auch für dieses Buch zusammengetragen, damit sie weitergegeben werden.

Die lebenserhaltende Bedeutung der feinen Geistverbindung zwischen uns und unserer Umwelt war für viele Jahrzehnte aus dem Bewusstsein unserer Gesellschaft verschwunden. Doch es beginnt sich zu wandeln – weltweit!

Weltweite Vernetzungen durch das Internet können das Handeln sozial und ökologisch verantwortungsbewusster, spiritueller Menschen öffentlich machen und so geistige und materielle Unterstützungsnetze für heilsames Wirken weben.

Daniella Querol, eine junge Frau aus Mexiko, hat über das folgende Wasserritual einen Weg gefunden, naturbezogene Spiritualität und ökologische Verantwortung für sich stimmig zusammenzuweben.

### Mutter Natur antwortet

»Mexiko ist konfrontiert mit einer großen Problematik, die eine Konsequenz des Mangels an der kostbarsten Flüssigkeit ist, die wir auf unserer Erde haben: Wasser.

Es sind vor allem die materiell extrem armen Gemeinschaften der Ureinwohner Mexikos, die jeden Tag mit dem Problem des

Wassermangels zu tun haben. Ich begegnete in meiner Arbeit diesen Menschen, die häufig noch in respektvoller Verbundenheit mit der Natur leben, spürte ihre Stärke und erahnte das Ausmaß der wachsenden Wasser-Tragödie: Neunzig Prozent der Flüsse sind kontaminiert.

Als ich mir dessen bewusst wurde, geriet mein Herz in Aufruhr. Ich wusste, es ist dringend notwendig etwas zu tun, damit sich die Erde wieder heilen kann, damit sich die Lebewesen wieder heilen können.

Ich fing an zu verzweifeln, denn ich bin nur eine einzelne Person, was kann ich alleine tun? Außerdem wusste ich nicht, wie man so eine große Aktion durchführen kann. Doch dann fiel mir ein, dass die Natur selbst diese Fragen in mich hineingegeben hatte, und dass sie sicher auch die Antwort dafür wusste. Ich löste mich von meinen Gedanken der Schwäche und bekam Lust und Kraft, die Natur zu fragen, was und wie ich es tun kann, wohin sie mich führen will.

So entschloss ich mich, ein Ritual zu machen und mich zur Beantwortung meiner Frage mit der Energie der Natur zu verbinden.

Weil das Ritual sich auf Wasser bezog, fand ich den richtigen Platz dafür am Pazifischen Ozean, der – wie sein Name sagt – friedvoll allen Abfall annimmt, den wir ihm schenken …

Ohne viel nachzudenken wusste ich, dass es richtig war, für das Ritual ein Nest zu bauen. Ich richtete meine Aufmerksamkeit längere Zeit darauf, alles für meinen Nestbau zu finden:

Ich flocht Äste, Wurzeln und Blätter der Palme zusammen und legte verschiedene Samen in das so entstandene Nest hinein. All das war für mich ein Ausdruck meiner Absicht: Wachstumsprozess.

Ich legte noch einige Muscheln in das Nest hinein und auch kleine Zeichnungen mit verschiedenen Symbolen. Diese Symbole trugen meine offenen Fragen in das Universum. Ich war bereit für offene Antworten. Ich entzündete im Sand einige Kerzen, dann schenkte ich mein Nest dem Meer.

Weinend ging ich ins Wasser, weinte aus einem tiefen Schmerz heraus, weinte um die Verletzung des Wassers.

Weinend stieg ich aus dem Meer, und dann wandelte sich mein schmerzvolles Weinen in ein Weinen aus großer Freude. Einige Kerzen blieben brennend auf dem Sand stehen, einige verschwanden schnell in der Brandung. Und schnell kam auch die Antwort auf meine Frage:
›Rufe eine Organisation ins Leben, verbinde darin die verschiedenen Ansatzpunkte und Menschen für das Wasserproblem, damit alle zusammen die Probleme von der Wurzel aus lösen können.‹
Und in weniger als zwei Wochen hatte sich die Gruppe zusammengefunden.«
*Daniella Querol*

»*Du sagst, du willst die Welt nicht retten,*
*das ist dir alles 'ne Nummer zu groß.*
*Und die Weltenretter war'n schon so oft da,*
*nur die meisten verschlimmbessern bloß.*
*Und doch fragt mich jeder neue Tag, auf welcher Seite ich steh.*
*Und ich schaff's einfach nicht,*
*einfach zuzusehen, wie alles den Bach runtergeht.*
*Wann, wenn nicht jetzt? Wo, wenn nicht hier?*
*Wie, wenn ohne Liebe? Wer, wenn nicht wir?*«
Aus dem Lied »wann?« von Ton, Steine, Scherben. Text: Rio Reiser

Um es zu »schaffen«, jetzt und hier und mit Liebe im Geist des Schamanismus bewusst zu leben, zu wirken und zu wandeln, ist es notwendig, in der eigenen inneren Kraft zentriert und verankert zu sein. Die folgenden Rituale »Baumstark«, »Schutzbilder« und »Schutzspruch« können in diese heilsame Zentrierung führen, in die bewusste Verbindung mit der eigenen Kraft und somit auch in das stärkende Bewusstsein meines Anteils an der Urschöpfungskraft.

Hermann Messerschmidt hat mir diese Rituale übermittelt.

**Baumstark**
– Fühle ich mich energetisch und körperlich schwach, ausgelaugt, trete ich direkt mit dem Schöpfergeist in Verbindung: Ich suche mir im Wald einen Baum, den ich über aufmerksames Erspüren als »meinen« Baum empfinde, der gerade jetzt für mich stimmig ist.
Der/die eine braucht einen Flachwurzler (zum Beispiel Buche), die/der andere sucht einen Tiefwurzler (zum Beispiel Eiche).
– Ich umarme den Baum nicht, sondern lehne mich mit dem Rücken an den Stamm, denn der Rücken ist besonders empfänglich für Energien.
– Meine Arme liegen locker und ausgestreckt neben meinem Körper ohne ihn zu berühren, fallen schräg nach unten.
– Die Handflächen sind offen. Die offenen Hände weisen mit der Innenfläche zum Baumstamm. Ob ich den Stamm berühre oder nicht, hängt von der Dicke des Stammes und meiner Empfindung ab.
– Ich atme ruhig, konzentriere mich beim Atmen auf meine Mitte und beginne, in den Baum hineinzuhören. Ich schließe leicht die Augen und gebe mich mit all meinen Sinnen der Empfindung der Baumenergie hin – bis ich spüre, dass ich in Resonanz mit dem Baumgeist schwinge.

 **Schutzbilder**
Sehr aufbauend und stärkend kann für mich auch mein nepalesisches Rollbild sein. Die Sorgfalt und die gestaltende Intensität des Malers sind in einem solchen Tangka gespeichert.
– Ich stelle mich mit dem Rücken zum Bild hin, halte einen kleinen Abstand zum Bild ein. Die geöffneten Handflächen weisen mit der Innenfläche zum Bild.
– Ich atme ruhig und bewusst, empfinde meinen Körper über die Atmung.
– Dann gehe ich in die innere Bereitschaft zum Empfangen und öffne mich bewusst dafür, dass die heilsamen, schützenden Schwingungen dieses Bildes mich berühren können.

– Mit meiner Konzentrierung auf den ruhigen Atem verscheuche ich alle aufkommenden Gedanken und konzentriere mich darauf, mit meinen Sinnen, meinem Körper und meinem Geist den heilsamen Schutz zu empfinden, den mir der »Geist des Bildes« schenkt.
– Indem ich die Schwingung Schutz so erfahre, stärke ich auch wieder meine eigene Schutzkraft und erfahre einen überprüfbaren Energiezuwachs.

Wenn du ein Bild oder ein Objekt hast, mit dem du dich verbunden fühlst und das für dich spürbar – nicht aufgrund von kunsthistorischer Zuweisung – die Qualitäten von Schutzenergie trägt, dann gehe in die Erfahrung dieser Übung mit deinem Bild oder Objekt.

## Schutzspruch

Auch gesprochene Worte können den energetischen Schutzschild stärken und aufbauen, wenn sie mit innerer Aufmerksamkeit bewusst gesprochen werden.
– Grundsätzlich schütze ich mich täglich am Morgen und am Abend vor der Schlafphase mit dem dreifach gesprochenen Satz:
*Nichts und niemand hat Macht über mich (über uns) außer dem großen Schöpfergeist.*
Dieser Schutz kann auch vor oder während einer Heilbehandlung erneuert oder für einzubeziehende Klienten gedacht oder gesprochen werden.
– Sorgsamkeit im Umgang mit Menschen ist ein wichtiger und wirkungsvoller energetischer Grundschutz, ist aber dennoch keine energetische Unantastbarkeits-Garantie. Manchmal gibt es unliebsamen Besuch, der durch Gedankenkraft Störenergien oder sogar Verwünschungen hinterlässt.
Bemerke ich diese Schwingung, setze ich zur energetischen Reinigung für mich und die Räume geeignetes Räucherwerk ein. Ich bevorzuge ein gutes Kopalharz, das aus einer von mir ener-

getisierten Schale seinen segensreichen Duft über mich und in den Räumen verströmt.

– Ein wirksamer Schutz gegen negative Energien, woher sie auch immer kommen mögen, ist eine Achtsamkeit der Gedanken und Worte, damit nicht Fremdenergien Eingang finden in das eigene Feld, indem man sie anzieht oder gedanklich einlädt.

## Zaubersprüche

Worte sind Schwingungen und können wandelnd wirken.
Solange Menschen sprechen können, werden sie versucht haben, mit Worten Wirklichkeiten zu wandeln. Nicht nur in politischen Reden und spirituellen Ritualen, nicht nur zum Wohle anderer – aber sicherlich immer mit der Absicht für das eigene Wohl.
Der älteste uns bekannte schriftlich überlieferte Spruch für Wandlung ist der »Merseburger Zauberspruch« aus dem 9. Jahrhundert:

*»Einst setzten sich Jungfrauen, setzten sich hierher ...*
*Manche hefteten Haft, manche hemmten das Heer.*
*Einige zerrten an den Fesseln.*
*Entspring den Haftbanden, entfahr den Feinden!«*

Die magische Komponente dieses Lösesegens, mit dem Gefangene befreit werden sollten, liegt in der Aufforderung der letzten Zeile.
Energetisch unangreifbar, unsichtbar zu werden ist ein Anliegen, das in allen spirituellen Lehren große Beachtung findet. Methoden wie Meditation, Konzentration und andere geistige Übungen sollen unter anderem in den Zustand führen, sich nicht von den Bewegungen der Welt berühren zu lassen, die Bewegungen des eigenen Geistes zu beherrschen.
Dieses Anliegen, für die Energien eines anderen Menschen oder Geistes nicht erreichbar, unsichtbar zu sein, spiegelt sich auch in den rituellen Worten der Schamaninnen aller Traditionen wider.

Um diesen Zustand zu erreichen, ruft die Schamanin in Amazonien ihre stärksten geistigen Verbündeten zu Hilfe. Verbreitet ist der Ausdruck, um ein »magisches Kleid« zu bitten, das die hilfesuchende Person gegen Angriffe schützt, sie unverletzbar macht:

*»Ich rufe nach dem Kleid der großen Schlange,*
*denn sie ist die Mutter des Flusses.*
*Gib mir dein Kleid!*
*Damit niemand mich angreifen kann,*
*verwandele ich mich in ein Schlange.«*

Auch in unseren alten Zaubermärchen wehen noch Klänge von Worten und Kleidern zum Unsichtbarmachen: Das Haar eines Löwen, die Feder eines Vogels, die Schuppe einer Schlange, der Samen einer Pflanze lassen Heldinnen andere Gestalten annehmen oder unsichtbar werden.

Ein Spruch zum Unsichtbarmachen aus dem Wissensschatz eines kolumbianischen Schamanen wurde von mir und vielen Freundinnen schon häufig erfolgreich angewendet. Leider bewirkt der Vers nicht, materiell unsichtbar zu werden ... Doch er bewirkt energetische Unsichtbarkeit. Die Schadensabsicht, die jemand auf mich richtet, gleitet dann an mir vorbei.

Befinde ich mich vor oder in einer Situation, in der ich darauf gefasst sein muss, dass jemand mir Schaden zufügen will, dann wiederhole ich diesen Vers mehrmals, wie ein Mantra. Als ich einmal auf meinem Heimflug von Peru mir Ruhe vor lästigen Zollkontrollen wünschte, murmelte ich diesen Spruch in Hinblick auf die Zollbeamten lange vor mich hin. Zu lange – denn als ich in Hamburg landete, war mein Gepäck verschwunden. Auch eine Art, Zollformalitäten zu umgehen ...

*»Dreizehntausend Strahlen hat die Sonne*
*Dreizehntausend Strahlen hat der Mond*
*Dreizehntausend Strahlen schützen mich*
*vor der Absicht meiner Feinde.«*
(Hier kann ich auch den Namen derjenigen nennen, die mich attackiert.)

Dass auch heilkundige Menschen, die nicht im Weltbild des Schamanismus zu Hause sind, aber wie Schamaninnen auch mit den geistigen Informationen von Pflanzen, Mineralien, Tieren und dem Wissen um die Wirkung absichtsvoller Worte als Schwingungen arbeiten, davon erzählt der Schutzvers einer weisen Homöopathin, Dr. Olga von Ungern-Sternberg (1895–1997):

»*Wall aus Kristall*
*Allüberall*
*Schließe dich fest um mich*
*lass nichts herein*
*Als Licht allein*«

Auch im braven Schwabenland wurde in alten Zeiten ein mutiges Fräulein Mathilde von einer weisen Nymphe mit einem wirksamen Unsichtbarkeitszauber beschenkt:

»*Hinter mir Nacht*
*Vor mir Tag*
*Dass niemand mich sehen mag*«

Und wenn dir in Zeiten der Bedrängnis danach ist, dich in schützender Pflanzenkraft zu verbergen – dann mache es wie die Bergbewohner in Nepal und hülle dich in ein Tuch aus Brennnessel ein. In vielen der alten europäischen Kulturen wurde sie als Königin der Heilpflanzen angesehen. Kein Wunder, dass auch in unseren alten Märchen wie beispielsweise in den »Sieben Schwänen« Hemden aus Brennnessel heilsam den Zauberbann brachen, der sieben Brüder in Schwäne verwandelt hatte. Und auch Rudolf Steiner schrieb der Brennnessel starke Schutzwirkungen gegen schädliche Energien und Strahlungen zu.

Mit den Pflanzengeistern verbundene Frauen wissen es:

*Ein Kleid aus Nessel*
*bleibt stets Meister*
*über alle bösen Geister*

Verheißungsvolle Zaubersprüche mit und ohne schamanischen Anspruch, für sogenannte Hexen, schwarze und weiße Magierinnen, füllen die Seiten vieler Bücher. Doch wahrhaft weise und wirksam erscheint mir das mit weißen, leeren Blättern gefüllte Buch der Schamanin Maria Sabina zu sein.

*Magische Beschwörungsworte einer Schamanin der Jakuten*
*»Die, die schwarze Schatten werfen,*
*sollen unseren eigenen Schatten*
*nicht bemerken in der Sonne,*
*wagen nicht, hindurchzuschreiten!*
*Schützen soll uns eine Mauer,*
*starke, lichte Silberwand!«*
Olga Rinne, Wie Aua den Geistern geweiht wurde

## Rituale für Schutz und Stärke aus der Schamaninnenwelt Nepals

Ich danke Mohan Rai, der die Erlaubnis zur Veröffentlichung und Anwendung des folgenden Schutzmantras der Kirati-Schamanin Parvati Rai gegeben hat.

Es hat mir schon oft geholfen, wenn ich mich energetisch schwach oder angegriffen fühlte.

Mit Respekt und Dankbarkeit gebe ich hier die freie Übersetzung des Schutzmantras wieder – zum Segen derjenigen, die es brauchen.

*»Weiblicher Kosmos*
*männlicher Kosmos*
*Urgrund von allem*

*Bitte gebt, was ich brauche,*
*jetzt und sofort:*
*Hilfe und Schutz*
*Stärke und Weisheit*

*Geist der Oberen Welt*
*Geist der Mittleren Welt*
*Geist der Unteren Welt*
*Geist meiner Ahnen*
*Freunde meiner Ahnen*
*Ich bin euer Kind.*

*Bitte gebt, was ich brauche,*
*jetzt und sofort:*
*Hilfe und Schutz*
*Stärke und Weisheit*

*Schützt meinen Körper*
*Schützt meine Seele*
*Schützt meinen Geist*

*Lasst meinen Körper wie frisches Wasser sein*
*Lasst meinen Geist wie klares Wasser fließen*
*Lasst meine Seele wie eine Quelle singen*
*reinigt, reinigt, reinigt mich*

*In verneige mich*
*in Respekt*
*Ich verneige mich*
*in Dankbarkeit*
*Ich verneige mich*
*in Liebe«*

Wird das Mantra bewusst verbunden mit den dazugehörigen geistigen Assoziationen, werden die Schwingungen des Mantras verstärkt. Auch wenn mit einigen der Silben keine begriffliche Bedeutung verbunden ist, so verbindet man sich beim Aussprechen der Silben doch sofort mit den spirituellen Qualitäten, die dem Mantra zugeordnet sind.

Es ist die innere Zielsetzung, mit der ein Mantra gesprochen wird, die die Kräfte des Geistes aufweckt. Ob eine Silbe des Mantras richtig oder falsch ausgesprochen wird, ist dabei nicht so entscheidend. Geistige Kraft kann auch bei falsch ausgesprochenen Silben und auch ganz ohne Worte gewaltig wirken.

*Richtiger Klang ohne geistige Kraft ist ohne Wirkung.* In Nepal gehören Mantras seit Jahrhunderten als wirksames Ritualwerkzeug in die schamanischen Traditionen.

Ich selbst aber bin als ein Kind europäischer, christlich geprägter Kulturen nicht eingebettet in eine lebendige schamanische Tradition. Ich gehöre zu den Menschen, die sich aus den neu knospenden Blättern der alten Wurzeln unserer europäischen Schamaninnen-Kulturen eine geistige Einbettung neu erarbeiten.

Wie gehe ich auf diesem Weg der Findung mit Mantras, *ikaros*, Anrufungen, Heilgesängen aus anderen Kulturen in deren Sprachen um? Über rituelle Worte aus schamanischen Kulturen habe ich einen Zugang bekommen zu den Schamanismus-Wurzeln der Kultur, in der ich geboren wurde und lebe. Diese fremden rituellen Worte haben ein Verstehen in meinem Geist und Körper aufgeweckt. Ein Verstehen, das mir die inneren Ohren geöffnet hat für das Erlauschen der Klänge, Worte, Gesänge des Geistes von allem hier in Mitteleuropa.

Es hat etliche Jahre der Erfahrung gebraucht, bis ich mich getraut habe, mit meinen eigenen Worten im Ritual zu wirken oder rituelle Worte aus anderen Sprachen mit Respekt übersetzt anzuwenden.

Richtiger Klang ohne geistige Kraft ist ohne Wirkung – das gilt auch für die eigenen rituellen Worte.

Im tief wurzelnden schamanischen Weltenbaum nepalischer Völker, der das Glück hatte, nicht von christlichen Glaubensschwertern gefällt zu werden, sind die folgenden zwei Rituale für Schutz und energetische Stärkung gewachsen.

Kathrin Pohl, langjährige Schülerin der Kirati-Schamanin Parvati Bantawa Rai, hat sie mir für dieses Buch mit wohlwollender Unterstützung von Parvati Bantawa Rai übermittelt.

Diese beiden Rituale sind von mir so modifiziert worden, dass sie auch von Menschen ausgeführt werden können, die sich achtsam und bewusst ihren eigenen Weg in der geistigen Welt des Schamanismus erarbeiten wollen und nicht speziell in der geistigen Welt der Schaminnen Nepals verankert sind. Achtsame und erfahrene Weltenwanderinnen wissen, dass die Ausführung eines authentischen Schamanenrituals niemanden zur Schamanin macht ...

Grundsätzliches zur Ausführung der Rituale im Zusammenhang mit dem geistigen Feld, aus dem heraus die Kirati-Schamanin Parvati wirkt:

– Diese beiden Rituale sollten möglichst direkt nach Sonnenaufgang ausgeführt werden, nach zwölf Uhr ist die für die Rituale benötigte Kraft nicht mehr aktiv.

– Ritualort: möglichst an einem großen heiligen Baum (Eiche, Eibe, Kastanie, Linde, Pinie) oder/und an Brennnesseldickicht oder/und Quelle, Wasserfall, Fluss, Bach.

– Rituelle Opfergaben: Reis, Maismehl, Räucherstäbchen, Wasser (am besten Quellwasser, das vorher auf dem eigenen Altar gestanden hat). Auch Alternativgetreide sind als Gaben möglich. Wichtig bei der Auswahl ist nur, dass die Opfergaben von Herzen kommen.

– Vor dem Ritual bitte ich um Schutz für die eigene Person.

– Ich rufe Ahnengeister und auch die eigenen spirituellen Lehrerinnen, sie mögen mir im Ritual helfen.

*Die Ahnengeister sind überall draußen in der heiligen Natur. Im Sommer können sie sich in die Berge zurückziehen und kehren zum Winter wieder zurück. Sie leben in der Mittleren Welt, nicht in der Ober- oder Unterwelt.*

*Der Platz der Ahnengeister im Haus ist in Nepal in der Asche des heiligen Herdfeuers der Familie.*

*Das alte Wissen um den Platz der Ahnen im Feuer findet auch in unserer Kultur immer noch seinen Ausdruck: in dem »kleinen Feuer« der Ahnenlichter auf dem Friedhof.*

 **Schutzritual**
- Entzünde am Ritualort eine Räucherung und eine Kerze für die Ahnen
- Sprich in deinen eigenen Worten die Ahnengeister an und bitte sie um Unterstützung in deinem Anliegen. Diese Worte können beispielsweise lauten:
Ahnengeister, hier bin ich (den eigenen Namen sagen). Bitte denkt an mich. Ich bin heute hier, um Schutz, Stärke, Energie, Unterstützung von euch zu erbitten. Bitte helft mir. Ich bin hier, um euch zu dienen. Hier ist meine Opfergabe.
- Nimm deine rituelle Opfergabe (Reis, Maismehl ...) in die Hand, gib sie vor dich, in die Mitte und in die vier Himmelsrichtungen. Dann nimm das Gefäß mit Wasser, halte es mit beiden Händen und gieße das Wasser vor dir aus.
- Sprich, sing mit deinen eigenen Worten dreimal deine eigene Schutzformel.
- Oder sprich leise, sing leise das Schutzmantra der Schamanin Parvati für dich.
Das Mantra wird mindestens dreimal, besser noch siebenmal leise und schnell auf Reis gesprochen. Der Reis wird auf der Hand gehalten und beim Sprechen, besonders zum Abschluss, »angeblasen« mit den Silben: Chu! Chu! Chu!

Sumnima  (♀ Kosmos – ma = Mutter)
Paruhang  (♂ Kosmos – pa = Vater, hang = König)
= *Sie gelten auch als die ersten Urahnen.*

Ninamma, Hengkhamma, Digdamma (Obere Welt, Mittlere Welt, Untere Welt)

Bala-Bala-Bala (Energie, Stärke)
Rogo-Rogo-Rogo (sei geheilt, gereinigt)
= *Macht mich stark wie das Feuer.*

- Das Feuer wird bei den beiden letzten Zeilen als Schutzwall im Rücken visualisiert.

– Dann stecke den Reis in die eigene Tasche, er wird dich für vierundzwanzig Stunden schützen.
– Beschließe das Ritual mit einem Dank, verabschiede dich von den Ahnen und geistigen Kräften, bitte um geistige Reinigung.

## Rituelle Opfergaben

Der Begriff des Opfers wird im Zusammenhang mit Ritualen im traditionellen Schamanismus der Völker ohne den Bedeutungsballast gebraucht, der in unseren westlichen Kulturen auf diesem Begriff liegt. Opfer hat in unserem Sprachgebrauch immer mit Verzicht zu tun. Wir opfern uns auf für etwas, opfern unseren letzten Pfennig, opfern jemandem unsere Zeit.

»Ich habe mich so für dich aufgeopfert, und so dankst du es mir«, ist sicherlich eine der bekanntesten Opferformeln unserer Alltagskultur.

Das Opferlamm als Bezeichnung für den Gottessohn ist ein Begriff aus der spirituellen Kultur des Christentums. Opfer verpflichtet.

Der Begriff des Opfers entstammt dem Kirchenlatein des 16. Jahrhunderts und wurzelt in »operieren« mit der Bedeutung von Arbeiten, Wirken, Bewirken. Ich gebe also, um etwas zu bewirken.

Im Ritual gebe ich meine rituelle Gabe dem Geist, in dem und mit dem ich wirke, den geistigen Kräften, die ich rufe. Dieser Moment des Gebens ist mit der Absicht verbunden, bei den Kräften »etwas« zu bewirken – Schutz, Unterstützung, Begleitung, Erkenntnis, Einsicht. In diesem Sinne ist ein Opfer eine »rituelle Gabe mit der Absicht etwas zu bewirken«.

Rituelle Gaben für die Kräfte der geistigen Welten lassen sich in allen Kulturen bis weit zurück in die Frühzeit der Menschheit durch archäologische Funde bezeugen. Vielfältig waren – und sind es immer noch – die rituellen Gaben in den europäischen Kulturen: Früchte, Blumen, Kräuter, Ähren, Brot, Bier, Milch, Honig, Wein, auch Tier- und Menschenopfer. Opfersteine mit kleinen Schälchen zur Aufnahme der Gaben und Opferteiche, in denen

Spuren von Gaben vor allem aus der Bronzezeit gefunden wurden, zeugen von der Kultur der rituellen Gaben bei uns in Europa.

Etwas rituell zu opfern kann auch gesehen werden als ein Geschenk, das ich den nicht sichtbaren Geisteskräften gebe, um ihnen meinen Respekt zu bezeugen. Mit manchen rituellen Gaben sollen unruhige, störende Geister besänftigt und von mir und meinem Tun abgelenkt werden.

Am häufigsten werden rituelle Opfergaben den geistigen Kräften angeboten, damit sie der Ritualausführenden gegenüber wohlgesonnen sind und sie in ihrem Anliegen unterstützen, stärken und schützen.

Zu geben mit der Absicht, etwas zu bewirken, kann also auch im Umgang mit den geistigen Welten und Kräften ganz lapidar heißen: Ich gebe, damit du gibst.

Doch ob eine rituelle Gabe etwas bewirkt, ob die Geister mir etwas geben, hängt nicht davon ab, woraus die Gabe besteht, sondern ist einzig und alleine abhängig davon, mit welcher inneren Absicht und mit welchen Gedanken ich die Gabe gebe.

In einigen der alten Sagen aus den Schweizer Bergen wird immer wieder davon erzählt, dass jemand in der Natur einen Schatz findet, häufig sind es kostbare Steine. Nimmt man den Schatz an sich, ohne sich beim Berggeist dafür zu bedanken, ohne eine Opfergabe an dem Ort zu lassen – dann wandeln sich die Edelsteine in ganz normale Steine.

## Singen und Rauchen – Schutzrituale eines peruanischen Schamanen

Der Jaguar-Schamane Reshin Nika vom Volk der Shipibo am Ucayali in Peru gab mir auf meine Fragen nach einem Schutzritual und zur Abwehr energetischer Attacken wie Neid und Eifersucht die folgenden Antworten:

»Wenn du Schutz brauchst, dann kannst du an mich, an deinen Schamanen denken, damit er dir von seiner Kraft gibt, die er für dich herbeigesungen hat durch die für dich bestimmten Heilungsgesänge *(ikaros)*. Du musst an die Gesänge denken, die du schon bei ihm gehört hast, die du kennst. Er hat sich auf diese Gesänge vorher auch dementsprechend durch bestimmte Fasten- und Reinigungsrituale mit Schutzpflanzen vorbereitet. Durch die Gesänge wird Schutz aufgebaut gegen Neid, Missgunst und negative Energien von draußen. Aber das allein reicht nicht, du selbst musst auch etwas tun zu deinem eigenen Schutz.

Auch du hast bei uns im peruanischen Dschungel gelernt, eine *dieta* zu machen, gewisse Fastenregeln einzuhalten und durchzuführen. Das sind zum einen Regeln der Ernährung (kein Fett, Salz, Zucker, nichts aus Konservendosen, keinen Alkohol) als auch andere Regeln für ein bestimmtes Verhalten vor und nach den Heilungsritualen (Kontakt zu Menschen auf das Notwendige reduzieren, nicht viel herumlaufen, sich auf das Ritual konzentrieren, keinen Sex).

Wenn du dich schwach fühlst oder dich gegen schädliche Energien schützen musst, dann nimm dir Zeit und mach eine *dieta*, halte die Regeln ein. Nachdem du diese Regeln eingehalten hast und nun vorbereitet bist, können wir im Ritual mit den Schutz-*ikaros* arbeiten. Sie legen um dich herum einen eisernen Schutz, der dich auch weiterhin umgibt, wenn du nicht mehr bei uns bist.

Du kannst diesen schon aufgebauten Schutz durch eigene rituelle Waschungen mit Schutzpflanzen, durch eine *dieta*, durch das Behauchen mit Menschentabak, *mapacho*, und durch die Heilgesänge jederzeit wieder selbst aktivieren und kräftigen.

Das Behauchen, *soplar*, ist sehr wichtig in meiner Welt für die Heilung und für die Arbeit mit den Geistern. Wenn du etwas behauchst, dann redest du nicht mit Worten, sondern mit deinem Atem, mit deinem Geist. Das verstehen die Geister.

Wenn du selbst Schutzgesänge singst, wird dein Schamanenlehrer plötzlich mitten in der Nacht erwachen und merken, dass du Unterstützung benötigst. Er wird dann seinerseits nochmals den eisernen Schutz für dich aktivieren mit allen ihm zur Verfügung stehenden Mitteln. In allem diesem sind die heilenden Geister der Schutzpflanzen die großen Helfer, und mit allem vorher

Beschriebenen bist du gut gerüstet, es sind die Waffen, die du zur Verfügung hast, um allen Widrigkeiten von außen zu begegnen.«

*Anblasen, Behauchen – Heilung, Schutz und Abwehr*
Vom Wissen um den Hauch des Atems als einen »Hauch des Geistes« zeugen bis heute Überlieferungen und noch lebendige Heilpraktiken in allen Völkern. Dieses alte Erfahrungswissen nutzen nicht nur Geistheiler, Schamaninnen und Zauberfrauen – sondern auch würdige Kirchenmänner. Üblich war es in vielen Gegenden Deutschlands, dem Täufling dreimal in das Gesicht zu hauchen. Die Taufhandlung wurde in evangelischen Gemeinden mit den Worten aus dem *Taufbüchlein* von Martin Luther vollzogen: Fahre aus, du unreiner Geist! Und gib Raum dem Heiligen Geist.«

In den Heilritualen südamerikanischer Schamaninnen und Heilerinnen ist das Anblasen, *soplar*, eines Patienten mit dem Rauch des Tabaks ein wichtiges Werkzeug der Energieübertragung, Energieaktivierung und Energiewandlung. Auch hierbei ist die Absicht der Schamanin in Bezug auf den Patienten entscheidend.

Auch aus den alten Kulturen Europas, aus dem alten Ägypten und aus den magischen Praktiken in vielen afrikanischen Völkern ist das Anblasen, Behauchen als Heilmittel und Bann- und Abwehrmaßnahme bekannt. Dem Wind, der Luft Krankheiten zum Forttragen zu übergeben, gehörte neben der Heilbehandlung mit Speichel zu den gebräuchlichen Heilmethoden.

Aus dem antiken Griechenland ist eine solche Heilmethode zur Bannung von Dämonen im Körper in einer über Zauber berichtenden Papyrusschrift überliefert:»Bei der Beschwörung aber blase, vom Haupte anfangend, dann vom Fuß beginnend, den Hauch ins Gesicht, und der Dämon wird ausgetrieben.«[5]

Häufig ist das Anblasen mit geheimnisvollen, von der Wortbedeutung her oft unsinnig erscheinenden Worten verbunden. Im Westfälischen war es noch in den fünfziger Jahren des letzten

---

5 Wessely: Griechischer Zauberpapyrus, 1888.

Jahrhunderts üblich, Wunden und Blutungen mit Anblasen und den Worten »Abek, Wabek, Fabek« zu behandeln. Das Pusten der Mutter auf eine kleine Verletzung des Kindes und das begleitende Besprechen eines Verses trägt heute noch etwas von diesem alten Wissen der Energieübertragung in sich:

*»Heile, heile, Segen!*
*Drei Tage Regen,*
*Drei Tage Schnee,*
*Tut's schon nicht mehr weh!«*

*Gesänge für Schutz und Abwehr*
»Dadurch, dass du schon so oft bei uns im Dschungel gewesen bist und mit uns in Heilungszeremonien gearbeitet hast, hast du dir nach und nach einen eigenen Schutz aufgebaut und immer stärker werden lassen. Dieser Schutz ist stärker als die Energien von Menschen, die in einem schwierigen Kontakt mit dir stehen. Wichtig ist es, genau zu wissen, welche Energien exakt auf dich einwirken; denn jedes dieser Dinge wie Neid, Eifersucht und Ähnliches benötigt ganz bestimmte, genau dazu passende Zeremonien und auch die Hilfe von ganz verschiedenen Geistern – die der Pflanzen, die des Wassers, der anderen Elemente oder von Tieren und noch anderen. Die Gesänge zur Abwehr und zum Schutz kannst du bei uns lernen, du kennst dann die Melodien und auch den Text in unserer Sprache. Die Worte kannst du in deine Sprache übersetzen und dann in deiner Sprache mit unserer Melodie singen.

Sehr wichtig ist es immer, dass du zuallererst deine eigenen Energien dadurch stabilisierst, dass du die Schutzgeister mit deinem Gesang einlädst und dich erst danach um die fremden, dich attackierenden Energien kümmerst. Auch wenn du meinst, dass die anderen Personen stärker sind als du, macht das nichts, denn die Geister werden immer stärker sein als so ein Mensch. Und die Geister kennen dich, du bist ihre Freundin, sie helfen dir, du kannst ihnen vertrauen.«

*Ein Gesang, um mich zu schützen*
»Jaishaa, jaishaa ...
Mein ikaro wird meinen Körper mit starker Energie schützen,
mein Körper ist geschützt mit einem Schild aus Eisen.
Ich trage eine wunderschöne Krone mit einem Kolibri,
der ringsherum um meine Krone fliegt.
Meine Krone strahlt mit einem Licht, das vom Himmel kommt.
Es ist ein Licht wie der Schein eines Sterns am Morgen,
so dass keine schlechte Energie in meinen Körper eindringen kann.
Es ist ein Licht, das stärker ist als alle Schadensenergien einer schlechten oder neidischen Person, die mir schaden will.
Jaishaa, jaishaa ...
Mein ikaro verbindet sich mit den hermanos des Nordens der geistigen Welt, mit meiner Seele und meinen Visionen bin ich immer dort, ich bin auch bis in ihre Welt gegangen, ich bin bei ihnen.
Nehmt euch in Acht, ihr Neider, belästigt mich nicht!
Ich werde meine Freunde aus der geistigen Welt rufen:
Pferde mit Flügeln, Piranhas mit Flügeln
und Tausende von Jaguaren,
damit sie die Schadensenergien zerstören.
Ich werde in die Wasserwelt gehen
und werde die Anakondas mit ihrem Gefolge rufen,
damit sie mich schützen.
Ich singe, ich singe!
Es kommen meine Freunde!
Ich halte in meiner Hand eine Säge,
um die schlechten Energien abzuschneiden,
die kommen, um mich zu belästigen.
Ich bin oben,
fliege mit großer Kraft,
fliege mit großer Kraft über ihnen.
Jee, jee, jee!«
Gesungen vom Schamanen Reshin Nika, Peru 2009

In der unerschöpflichen, kreativen Werkzeugkiste schamanisch wirkender Menschen warten vielfältige Wirkungsessenzen darauf, sich schützend, stärkend und reinigend entfalten zu können – der Wirklichkeit des Hilfe suchenden Menschen entsprechend.

Ein einzelner richtiger Ton zur richtigen Zeit und im richtigen Wirkungszusammenhang kann Menschen, Befindlichkeiten und Welten tiefgreifender und heilsamer wandeln als die aufwendige Inszenierung einer Oper.

Solch einen Ton für ein heilsames Ritual des Wandelns der eigenen inneren Konflikte, des eigenen Unfriedens in Qualitäten eines inneren Friedens gibt der *curandero* Coco Vizcarra in seiner Arbeit weiter.

### Das Salz des Wandels: Innere Konflikte bei sich selbst heilen

Diese alt überlieferte Übung zum inneren Wandel bezieht sich auf den Ursprung allen Lebens, auf das Wasser – und ganz speziell auf das in ihm enthaltene Salz.

In diesem Salzritual wird man von der reinigenden und stärkenden Kraft der Mutter Wasser berührt *(yacumama)*. Sie ist die geistige Reiseleiterin auf dieser inneren Reise durch unsere persönliche Lebensgeschichte. Die salzige Mutter des Wassers hilft dabei, sich selbst zu verstehen, sich zu verzeihen, sich selbst Liebe zu schenken.

Das ist der erste Schritt zum inneren Frieden – und auch ein immer wieder neu zu machender Schritt auf einem spirituellen Weg, denn oft sind wir selbst unser schlimmster Feind, verfangen in inneren Konflikten. Diese innerlichen Konflikte in mir, im Kleinen, sind im Großen die Kriege und Gewalttaten. Mit dieser Salzzeremonie heilt man sich selbst – und dadurch auch mit die Welt. Du kannst dieses Ritual auf dich selbst beziehen oder auf weiter gefasste Konflikte. Spüre deinem Bedürfnis nach bewusstem Wandel nach – die Energie von *yacumama* wird dich führen.

 **Salz des Wandels**
– Du brauchst einen Mörser und einen Stößel sowie grobes Meersalz.
– Du kannst diese Übung alleine durchführen oder in einer Zeremonie mit anderen. Rituale in der Gemeinschaft haben eine besonders tiefe Wirkkraft.
– Setze dich bequem hin, mache einige ruhige Atemzüge und beginne, das Salz im Mörser gegen den Lauf des Uhrzeigers, zum Herzen hin, kreisförmig zu reiben.
– Rede nicht, konzentriere dich darauf, ganz bei dir selbst zu sein.
– Lass alle Gedanken und Gefühle, die in dir aufsteigen, zu – ohne Wertung. Gehe ihnen nicht nach, lass sie bewusst in die Schale fließen, in das Salz hinein – zerreibe sie mit jeder Drehung.
– Ganz gleich, welche Gedanken oder Gefühle beim Zerreiben der Salzkristalle kommen, ob gut oder böse – sie gehören zu dir, so wie der Schatten zum Licht gehört, die Nacht zum Tag.
– Erst wenn wir die Gegensätze in uns erkennen und bereit sind, sie anzunehmen, können wir Liebe, Verständnis, Verzeihung, Mitgefühl für uns selbst empfinden – und das nicht nur, wenn wir gut oder positiv sind.
– Reibe das Salz so lange, bis du Frieden und Stille in dir spürst – denke nicht darüber nach, reibe und spüre.
Lass dich von dir selbst berühren.
Schenke dir selbst Liebe, dann entfaltet sich Frieden in dir, dann geschieht Heilung.
– Beende das Ritual, indem du dich beim Geist der Wassermutter bedankst, beim Salz – und bei dir selbst.
– Dann fülle das Salz in ein Gefäß und benutze es! (Gib es zu deinem Essen, bade darin, stelle dir eine homöopathische Lösung daraus her – oder verwende es zu deiner Stärkung auf andere Weise.)

*Salz öffnet die Ohren der Geister für die Anliegen der Menschen*

*Im Schöpfungsbericht der Edda leckt die erste Kuh Audhumla das Salz der bereiften Steine und schleckte so während dreier Tage ein menschenähnliches Wesen namens Búri frei. Búri war der Großvater des Asengottes und ersten Schamanen, Odin. Bei den indogermanischen Völkern wurden Salzquellen als heilige Orte angesehen, als Orte, an denen die Götter besonders nahe waren. Da Salz ein Geschenk der Götter war, wurde ihm auch die Kraft der Götter zugeschrieben, alle bösen Geister, Dämonen, Krankheiten, Schaden abzuwehren: Eine Prise Salz wurde auf den Feind geworfen; Salz wurde auf die Türschwellen von Haus und Stall gestreut, um Hexen und Verwünschungen zu bannen; Fischer an der Ostsee streuten Salz in die neuen Netze; es gab ein Salzbad für Neugeborene, oder Salz wurde in die Windeln eines Säuglings gestreut; dem Vieh wurde ein Säckchen Salz gegen Besprechungen umgehängt; ein Salzkreis wurde um das Haus gestreut, wenn es von Unglück jeder Art heimgesucht wurde. Mit Salz wurden Ritualorte geweiht und gesegnet, Salz galt allgemein als Schutz und Talisman, weil Hexen, böse Geister und Dämonen kein Salz essen.*

*Interessant für Kriminelle und Flüchtende: Etwas Salz über die Schulter hinter sich geworfen, schüttelt Verfolger ab und lässt Spuren verschwinden. Verträge wurden mit Salz besiegelt. In einigen Gegenden warf man auch den Toten Salz ins Grab nach.*

*In der griechisch-römischen Antike hieß es, dass salziges Meerwasser alle Sünden der Menschen abwäscht.*

*Etwas vom Wissen um die schützende und wandelnde Kraft des Salz-Geistes ist immer noch zu finden in dem Brauch, zur Hochzeit und zum Einzug in eine neue Wohnung Salz und Brot zu schenken.*

*Salz besteht aus Kristallen, Kristalle können Informationen speichern. Durch das Drehen und deine Gedanken tragen die von dir verriebenen Salzkristalle die Information Liebe und Versöhnung.*

*So hast du deine eigene Heilmedizin zubereitet. Sie wird dich immer wieder an dich selbst erinnern:*
*an deine eigene innere Kraft,*
*an deine Liebe zu dir und zu allen Wesen,*
*an dein Vertrauen in dich und das Leben.*

## Ritual der Wandlung für Konfliktsituationen

Konflikte, Machtspiele, Angriffe auf der persönlichen Ebene gibt es in schamanischen Zirkeln ebenso wie im Fußballverein. Vor diesen uns Menschen eigenen Schwächen ist auch keine Meister-Schamanin frei, bewahrt auch kein Zertifikat, keine Schamanenkrone und keine schamanische Initiation.

Ob nun im normalen Alltagsumfeld oder im schamanischen Umfeld: Es kann vorkommen, dass Situationen entstehen, in denen man Zielscheibe für Anschuldigungen und Vorwürfe ist. Fast immer verbergen sich dahinter nicht erfüllte Erwartungen, Neid oder Missgunst. Diese entstehen vor allem aus Unzufriedenheit mit sich selbst. Die, die in Gemeinschaften am wenigsten für die Gemeinschaft tun, schreien am schnellsten und am lautesten gegen die, die »tun«.

In der nun folgenden Ritualinspiration steckt ein wichtiges Prinzip schamanischer Arbeit: die unterschiedlichen Welten, Räume, Energien wahrnehmen und sie voneinander unterscheiden, bewusst im eigenen energetischen Raum zu bleiben – und aus ihm heraus wirken.

Je bewusster du in einer Konfliktsituation bei dir selbst bleibst und es schaffst, dich in deinem Zentrum zu empfinden, umso leichter wird ein heilsamer Wandel der Situation möglich sein. Aktiviere deine Sinne und deine Wahrnehmungsfähigkeit, nimm die Stimmen, Gesten, Veränderungen der Menschen in dieser Situation aufmerksam wahr, ohne sie auf dich zu beziehen, registriere sie – kommentiere sie nicht.

Achte vor allem auf das, was nicht gesagt wird – aber als Schwingung spürbar ist. Gehe auf diese Schwingungen ein, indem du sie bewusst an dir vorbeigleiten lässt und ihnen dadurch die Pfeilspitzen nimmst. Solche Energiepfeile sind oft verletzender als ausgesprochene Worte. Besinne dich auf die beruhigende, zentrierende Kraft deines Atems. Atme bewusst und ruhig, bevor du der Verlockung erliegst, »an die Decke« zu gehen.

Erinnere dich in Konfliktsituationen an die heilsamen Rituale, die du erlebt hast, das bringt dich sofort in Verbindung mit dem stärkenden, heilsamen Erleben. Wenn du bis hierher gelesen hast, bist du jemand, für die der Begriff Energie mit eigenem Erleben vom Umgang mit Energie verbunden ist. Erinnere dich an deine Energie-Erfahrungen: Mit jeder Form von Aggression, von Beharren auf etwas, von Ärger bindest du Energie und verringerst dein Potenzial an heilsamer Energie.

Das alles bewirkt nicht unbedingt, dass du im Konflikt recht bekommst oder recht behältst, nur weil du fest in deinem Zentrum verwurzelt bist. Aber wenn du bei dir bist, wirst du leichter erspüren können, was stimmt und was nicht stimmt – auch bei dir selbst. Und wenn deine Position im Konflikt nicht stimmt, dann wird es dir auch nicht schwer fallen, aus deiner Stärke heraus Einsicht zu zeigen.

In einem Lied, das auf den Demonstrationen der Friedensbewegung in den achtziger Jahren oft erklang, hieß es: »Das weiche Wasser bricht den Stein.«

*»Weich ist stärker als hart, Wasser stärker als Fels, Liebe stärker als Gewalt.«*
Hermann Hesse.

Menschen, die ihren geistigen Weg durch die Bewusstseinswelten des Schamanismus gehen, haben es oft schwer, mit wachsender Sensitivität und für Zwischentöne und schräge Schwingungen im Berufsalltag die Welten zu verbinden. Sie sind, wie jede andere im Berufsalltag auch, mit Konflikten zwischen Menschen konfrontiert, die nur selten ihre Ursachen in Sachbezügen haben. Gemeinsam mit den Betroffenen zu trommeln oder zu rasseln und ohne Kommentar der anderen jede zu Wort kommen zu lassen, wäre sicher heilsam. Auch eine reinigende Räucherung von Menschen und Räumen würde die Qualität des Energieflusses zwischen den Menschen wohltuend wandeln können.

Doch diese Energie-Wandel-Vorgänge würden mit Sicherheit zu neuen Konflikten in der Firma führen ... Es sei denn, die Initiatorin dieser Art von Konfliktlösung würde das Ganze als eine neue, effektive Coaching-Methode vorstellen. Und warum eigentlich nicht? Schließlich gibt es ja auch Feuerlauf und Schwitzhütten für Manager. Und manchmal hat mich schon die unbändige Lust überfallen, erlauchte Finanzmanager in Trance fallen zu lassen, um sie in die Möglichkeit zu versetzen, ihre eigene Wirklichkeit zu erfahren.

*»Du kannst die Wirklichkeit*
*Nicht außerhalb deiner selbst suchen,*
*denn du bist die Wirklichkeit.«*
Lama Thubten Yeshe

Ellika Linden hat sich in ihrer langjährigen Arbeit auf die Aspekte weiblicher Spiritualität im Schamanismus konzentriert. Das Thema der Meisterung der Emotionalität bei Konfliktlösung im Berufsalltag ist besonders für Frauen, die einen schamanischen Weg gehen, eine große Herausforderung.

Einen Weg, die emotional beladene Konfliktsituation heilsam für sich selbst und somit auch für die anderen Beteiligten zu meistern, gibt sie in der folgenden Übung weiter.

 Das Schutzei – Ein Ritual der Abgrenzung
– Verlasse während einer angespannten Situation für einen Moment lang den Raum, gehe nach draußen. Fast immer ist der Vorschlag, eine kleine Pause einzulegen, allen am Konflikt Beteiligten willkommen.
Gehe nicht *an*, sondern *in* die Luft.

Auch um ein Bürogebäude herum und auch in der Stadtmitte gibt es »Luft«!
– Suche dir einen Platz aus, an dem nicht jeden Augenblick jemand vorbeikommt.
– Stelle dich aufrecht hin, mit leicht gebeugten Knien und offenen Händen. – Schließe die Augen, atme einige Male ruhig und bewusst – durch die Nase ein, durch den Mund aus.
– Dann beginne, den Atem mit einem hörbaren »Pfffffft« auszustoßen. Sei dir bewusst, du stößt damit den Druck aus jeder Zelle in dir heraus.
– Mit jedem Einatmen nimmst du Luft-Leichtigkeit in dich auf. Dieser »Wind des Wandels« strömt den Ärger und Druck verwirbelnd durch deinen Körper.
– Atme ruhig und bewusst und verweile jetzt im Erspüren der Erde unter dir. Lass dich nicht von Beton oder Teer unter deinen Füßen irritieren: »Unter dem Pflaster, ja da liegt der Strand.« Erinnere dich: Die Erde ist unsere Mutter. Sie nährt dich, nicht nur deinen Körper – auch deinen Geist.
– Atme über deine Füße die dich stärkende Erdmutter-Energie ruhig und bewusst ein. Ziehe mit dem Atem ohne Anstrengung diese Energie von den Füßen hoch in den Kopf. Verteile mit jedem Atemzug die dich schützende Erdmutter-Energie in deinem Körper.
– Nun strecke deine Arme weit aus. Ziehe mit beiden ausgestreckten Armen große Kreise um dich und über dich, in alle Richtungen.
– Mit jeder kreisenden Bewegung bringst du deine eigene Energie in Bewegung und lässt ein schützendes Energieei um dich herum anwachsen. Bewege deine Arme so lange bewusst um dich herum, bis du spürst, dass ein Energieei entstanden ist, in dessen Innerem du stehst.
– So schützt du dich mit deinem eigenen Energiepotenzial vor den auf dich einströmenden Konfliktenergien und Emotionen, die dir nicht gut tun.
– Beende die Übung, indem du deine Hände übereinander auf den Solarplexus legst.

– Verneige dich vor dir selbst und sei dir bewusst:
*Ich bin ich und du bist du.*
Wenn es eine Konfliktsituation mit mehreren Beteiligten ist:
*Ich bin ich und sie sind sie.*

Erinnere dich daran, dass du selbst der Kern deiner Kraft bist, das Ei im Ei, auch in Konfliktsituationen, auch wenn du es manchmal vergisst.
Diese Übung kann dich daran erinnern.
Du bist jederzeit in der Lage, dein energetisches Schutzei aufzublasen! 〰

»Unter dem Pflaster, ja da liegt der Strand« – dies sangen schon 1978 junge Menschen, die sich vor den Mächtigen nicht ducken und sich in Lebens-Art nicht brechen lassen wollten.

Manche Gedanken, die sich durch die schamanischen Welten und Gemeinschaften ziehen, erinnern mich immer wieder an diese Zeit, in der es vielen jungen Menschen darum ging, Mut zu haben, aufzustehen und zu handeln – für eine bessere Welt. Für mich liegen einige der Wurzeln des in den letzten fünfundzwanzig Jahren wachsenden Interesses an Spiritualität und des Bewusstseins um ökologische Verantwortung in dem gesellschaftlichen Aufbegehren junger Menschen in den siebziger Jahren. So einige der engagierten Mitstreiterinnen aus sozialpolitisch engagierten Studententagen habe ich als engagierte Spirit-Walker in schamanischen Welten wiedergetroffen.

*»Zieh die Schuhe aus, die schon so lang dich drücken.*
*Lieber barfuß lauf, aber nicht auf ihren Krücken.*
*Dreh dich und tanz, dann könn'n sie dich nicht packen.*
*Verscheuch sie ganz mit deinem lauten Lachen.«*

In dem hier beschriebenen Tanz aus dem »Pflasterstrand-Lied« von Angy Domdey werden sicherlich weltweit alte und junge Feuerfrauen sich gerne einreihen.

## Es riecht nach Schamanismus

»Wir müssen hinterher aber gut lüften, hier riecht es doch sehr nach Schamanimus«, äußerte besorgt der für den Raum verantwortliche Mann am Ende des Seminartages. Der Ritualtag hatte im Saal einer evangelischen Gemeinde im Bayrischen Wald stattgefunden. Schwaden von wohlduftenden Räucherbotschaften zogen am Ende des Tages aus dem warmen Raum hinaus in die kalte Luft, zur Freude der Waldgeister.

Wonach riecht Schamanismus? Der Riechsinn wird allgemein von allen Sinnen am wenigsten beachtet, wir leben in einer vom Sehen geprägten Welt.

Im Allgemeinen ist das so – aber nicht in der Arbeit der Schamaninnen und anderer heilsam wirkender Menschen, die Verbündete des Geistes der Pflanzen sind. Sie setzen den Geruch von verbrannten Harzen, Hölzern und Kräutern bewusst in ihren Zeremonien ein.

So riecht für mich Schamanismus. So fühlt sich der Geruch für mich an: Rieche ich den Rauch eines glimmenden Salbeibündels, bin ich augenblicklich in New Mexico, in der Kiva mit Felicitas Goodman. Der Geruch verbindet mich mit ihrem Geist, mit dem Wachzustand der Trance, mit meinen Ritualen. Dieser Geruch konzentriert mich und lässt in mir das Gefühl aufsteigen, geschützt zu sein, bei mir zu sein, zu Hause zu sein.

*Im Rahmen des Projekts »Brain Avatar« von Martin Schöne an der Hochschule für Bildende Kunst in Braunschweig wurden während der Ausführung einer »Rituellen Körperhaltung« nach Dr. F. Goodman Gehirnmessungen durchgeführt. In ihnen wurde sichtbar, dass schon beim ersten Riechen des Salbeirauchs die Aktivität im Gehirn in einen erhöhten Wachbewusstseinszustand führt.*

Rieche ich auch nur einen Hauch vom *ayahuasca*, dem visionserzeugenden Trank der Amazonas-Schamanen, schüttelt es mich am ganzen Körper und ich bekomme eine Gänsehaut.

Rieche ich den würzigen Duft einer *mapacho*, des Dschungeltabaks, muss ich nur die Augen schließen, um sofort in der Situation eines nächtlichen Heilrituals am Amazonas zu sein. Höre ich auf einer meiner Aufnahmen den alten Schamanen singen, rieche ich auch seinen Tabak. Dieser Geruch beruhigt mich, löst Gefühle der Geborgenheit und des Schutzes in mir aus.

So geht es mir auch, wenn ich die Räuchermischung aus Wacholder und Harz rieche – dann riecht es nach Nepal und auch nach meinem Atelier zu Hause in der Lüneburger Heide.

So also riecht für mich Schamanismus: eine Mischung aus Salbei, Wacholder und Dschungeltabak, mit einem Hauch *agua florida* dazu.

Geruchswahrnehmung hat eine starke emotionale Komponente, ist eng verbunden mit Gefühlen, Sinnlichkeit, Sexualität. Wissenschaftler, die sich der Erforschung von Geruch widmen, führen das auf die Verbindung des limbischen Systems mit dem Bereich des Riechnervs zurück, der die Gerüche interpretiert und zuordnet.

Mit der Erinnerung an einen Duft wird auch die Erinnerung an die dazugehörige Stimmung aktiviert. Gerüche beeinflussen Entscheidungen, die unbewussten Assoziationen fließen in die Entscheidung ein – das weiß die gesamte Marketingwelt nur zu gut. Das Riechen steuert Entscheidungen, lange bevor der Verstand einsetzt – und ohne dass man es bemerkt.

Nutze dieses Geruchs-Erfahrungswissen bewusst! Nicht nur in Ritualen, sondern auch, um in kritischen, angespannten Alltagssituationen einen Geruchs-Schutzkreis um dich zu ziehen und deine innere Stärke zu aktivieren.

*Eine Räucher-Einsicht aus der Wissenschaft*
*Mäuse und Schamaninnen werden bei dieser Meldung lächeln ...*
*»In vielen Religionen gilt Weihrauch als wichtige Hilfe auf dem Weg zum Seelenheil. Jetzt haben Biologen festgestellt, dass das brennende Pflanzenharz tatsächlich direkt auf das Gehirn wirkt. Der Rauch aktiviert Ionenkanäle, die Depression und*

*Angst mindern. Das brennende Harz der Weihrauchpflanze Boswellia sondert einen charakteristisch riechenden Rauch ab, der als reinigend gilt.* Ein internationales Team von Wissenschaftlern hat nun untersucht, welche Wirkungen Weihrauchazetat bei Mäusen im Gehirn erzeugt, und ist dabei auf einen überraschenden Effekt gestoßen.
Die Studie liefert eine biologische Erklärung für Jahrtausende alte spirituelle Praktiken, die Zeit, Entfernungen und Kulturen überdauert haben. Die Entdeckung, wie das Weihrauchazetat auf spezifische Ziele im Gehirn wirkt, könnte jedoch auch dazu beitragen, bestimmte Erkrankungen des Nervensystems besser zu verstehen.«

 **Notfall-Pflanzenmedizin-Riechbeutel**
– Wenn es die kritische Situation zulässt, beräuchere dich, hülle dich ein in Rauch und Duft deiner liebsten Pflanzen oder Harze.
– Da es im Alltags- und Arbeitsleben aber oft nicht möglich ist zu räuchern, setze eine »Trocken-Räucherung« ein.
Suche dir dafür Kräuter, die für dich die Qualitäten Schutz, Stärkung des eigenen Energiefeldes, Reinigung des Geistes haben.
– Nimm dir Zeit, die Kräuter und/oder Harze zu finden, die für dich stimmen.
– Finde sie, suche sie nicht. Geh deiner Nase nach, empfinde.
– Es gibt wunderbare Bücher, die von den Eigenschaften und Wirkungen heilsamer Pflanzen und Harze berichten – aus der heimischen Pflanzengeistwelt und aus den traditionellen Schamanenwelten.
Bevor du dich in den Zuordnungen der Pflanzen in Büchern verlierst und die Erfahrungen und Vorstellungen anderer Pflanzenverbündeten übernimmst: Stärke und trainiere deine eigene Wahrnehmung, vertraue deiner Empfindung.
– Gehe bewusst fühlend und riechend durch die schamanische Geruchswelt und finde! Erst dann »lies nach«.
– Finde, was für dich und deine Absicht stimmt. Frage innerlich jede Pflanze, jedes Harz, ob sie dich in deiner Not hilfreich stärken will. Lausche nach, bevor du sie oder es an dich nimmst.

– Besinge, was du gefunden hast: Danke den Pflanzen/Harzen für ihr Wissen und ihre Bereitschaft, dir zu helfen. Fordere sie auf, dir zu helfen, dich zu stärken, zu schützen.

Vielleicht entfaltet sich in dir ein kleines Lied, ein Vers, ein Mantra, das du immer dann in dir klingen lässt, wenn du es brauchst. Ein so gefundenes Lied entfaltet seinen Schutz und stärkt dich auch dann, wenn du die Pflanzen/Harze, die du so besingst, nicht bei dir hast.

– Stecke die getrockneten Lieblingspflanzen und/oder die Lieblingsharze in einen kleinen Beutel, den du immer bei dir trägst.

– Zerreibe im Notfall etwas davon in deiner Hand, schließe die Augen, rieche, singe innerlich das Schutzlied der Pflanzen/Harze.

– Der Geruch wird dich sofort verbinden mit den heilsamen, stärkenden und schützenden Situationen und Menschen, in und mit denen du diesen Geruch erfahren hast.

– Du trägst diese erfahrenen Informationen in dir, wecke sie auf und sei dir bewusst: Die Kraft, dich zu schützen, ist in dir.

*»Ich werde lernen*
*für die mit Vertrauen Medizinbeutel zu machen*
*Ich werde den Gesang der Kraft erlernen*
*Ich werde lernen*
*für die mit Vertrauen Medizinbeutel zu machen*
*Ich werde den Gesang der Kraft erlernen*
*Und die Heilungstrommel schlagen«*
Aus den Mythen des Volkes der Nootka

Die Notfall-Ausrüstung der Amazonas-Schamanin besteht aus Tabak und ihrem Heilungsgesang. Die Notfall-Ausrüstung der Nepal-Schamanin besteht in ihrem Mantra.

Und beide wissen: Diejenigen, die die Meisterschaft im heilsamen Schamaninnen-Wirken erlangt haben, brauchen keine äußerlichen Ritualwerkzeuge mehr. So wirken sie beide aus ihrem Geist in Verbindung mit dem All-umfassenden Geist heraus.

Es gibt in der sehr kargen Ritual-Werkzeugkiste amazonischer Schamaninnen eine Essenz, die seit Jahren nun auch in meinen Ritualkoffer gehört und ohne die ich nicht mehr aus dem Haus gehe: das Schamaninnenparfüm. Nein, nein – es ist nicht wirklich ein Parfüm, die Bezeichnung stammt von mir. Doch es riecht so gut! Und es ist beeindruckend in seiner energetischen Wirkung: Es zentriert, belebt und beruhigt zugleich, schützt, öffnet mein Herz, öffnet die Herzen der anderen für mich – je nachdem, mit welcher Qualität, mit welcher Zuordnung es von der Schamanin besungen wurde.

Die flüssige Grundlage dieser magischen Essenz ist *agua florida*, das in ganz Südamerika von Schamaninnen und Heilerinnen in Ritualen verwendete »Blütenwasser«. Früher war es wirklich eine Blütenessenz, heute ist es eine fabrikmäßig hergestellte Essenz ohne natürliche Bestandteile, riecht trotzdem gut, je nachdem nach Rosen, Orangen oder ...

Doch rituell mit heilkundigen Händen der Patientin eingerieben oder aus heilsamen Mündern für Geister oder Patienten versprüht, wirkt auch dieses Fabrik-Blütenwasser, es ist ein fast unverzichtbarer Bestandteil schamanischer Arbeit in den nächtlichen Heilritualen.

Doch *agua florida* alleine ist noch nicht das vielgepriesene Schamaninnenparfüm. Damit es dazu wird, müssen viele verschiedene Pflanzen kleingeschnitten und in *agua florida* eingelegt werden. Welche Pflanzen das sind, richtet sich nach der Wirkung, die die Essenz entfalten soll, und nach den besonderen Pflanzenverbindungen der Schamanin.

Eines der Lieder, mit dem die in *agua florida* eingelegten Pflanzen besungen werden, lautet so:

»*Agua florida, Geruch des Geistes der Pflanzen*
*agua florida, gesegnetes Wasser*
*agua florida, dein Duft öffnet die Türen der Geheimnisse*
*agua florida, deine Blüten berühren mein Herz und machen es leicht*
*agua florida, dein Licht wäscht meinen Kummer fort.*«

Die Bitte um »original Schamaninnenparfüm« im Kreise meiner Freundinnen wuchs. Da ich in meinem Gepäck gerne auch noch Platz habe für andere Dinge als Flaschen voller Schamaninnenparfüm, tat sich diese Transportfrage zusammen mit meinen Pflanzen-Gesang-Erfahrungen – und daraus erwuchs die stimmige Schlussfolgerung, wirksames Schamaninnenparfüm selbst anzusetzen.

~~🐍 **Notfall-Schamaninnenparfüm für energetischen Schutz und Stärkung**
Eine kleine Gemeinschaft findiger Ritualfrauen durchstreift Wiesen und Wälder, lässt sich ansprechen von Blättern und Blüten, Wurzeln und Beeren. Jede erspürt für sich die Pflanzen, die zu ihr sprechen wollen. Die Frauen sprechen nicht miteinander über ihre Pflanzen, die Pflanzen sprechen zu den Frauen. Sie erzählen den Frauen nicht nur etwas von sich als Pflanzenwesen, sondern sie erzählen ihnen etwas über sie selbst, über ihr Frauenwesen.

Pflanzen-Bestimmungsbücher bleiben an diesem Tag zu Hause, Empfindung und Intuition sind die Quelle unseres Pflanzenwissens. Empfindung, Intuition und Konzentration lassen einen Klang aus jeder Frau aufsteigen, lassen Worte sich in den Klang einweben, lassen ein Lied entstehen.

Im Gesang für die Pflanzen dankt jede Frau den in einer kleinen Flasche gesammelten Pflanzen für ihr Dasein und ihre Hingabe. Die Frau besingt die Wesensart der einzelnen Pflanze, ihr Wissen, ihre Kraft.

Sie ruft die Mutter des Geistes jeder der von ihr gefundenen Pflanzen an, sich mit ihr heilsam, hilfreich schützend und stärkend zu verbinden, wenn sie diese Pflanzenessenz anwendet.

Dann übergießt die Frau die Pflanzen mit *Echt Kölnisch Wasser*. Das ist dem *agua florida* am ähnlichsten, besteht aber aus natürlichen Auszügen von Zitrone, Orange, Bergamotte, Mandarine, Limette, Zeder und Pampelmuse sowie Kräutern.

Dieses belebende Duftwasser hatte ich bislang immer ältern Damen aus Schwarz-Weiß-Filmen zugeordnet, aber schließlich

ist es ja eine der Grundlagenübungen im Schamanismus, sich von gewohnten Vorstellungen zu lösen ...
Um Spekulationen vorzubeugen: Ich werde für diesen Markenhinweis nicht von der Firma bezahlt. Mir gefällt einfach die Zusammenstellung des »Wassers«. Selbstverständlich steht es frei, sich nach Belieben eine alkoholische Grundlage für das eigene Schamaninnenparfüm auszuwählen.
Bevor die so für die Qualitäten Schutz und Stärkung besungenen Pflanzenessenzen in den Ritualtaschen der Frauen verschwinden, nimmt jede sie noch einmal in beide Hände und haucht ihren Atem in die Flasche.
Anwendungsmöglichkeiten des Schamaninnenparfüms:
Fühlst du dich energetisch schwach, bist du verwirrt, unsicher, nervös, verängstigt oder fühlst du dich energetisch angegriffen: Atme die Essenz ein, reibe dir einige Tropfen auf das dritte Auge, unter die Nase, auf das Kinn, auf die Thymusdrüse.
Oder gebe einige Tropfen davon in das Wasser, mit dem du dich dann rituell wäschst.

### Pflanzenessenz für energetische Reinigung

In gleicher Weise kannst du dir eine Essenz für energetische Reinigung zubereiten. Entscheidend für die Wirkung auf der Energieebene ist nicht, welche Pflanzen du dafür verwendest, sondern dass du einen Erfahrungs- und Empfindungsbezug zur Pflanze hast und sie für dich die Qualität »energetische Reinigung« trägt.
– Hast du beruflich oft mit Menschen zu tun, die mit ihren Problemen zu dir kommen, oder sind dir die Menschen um dich herum »zu viel« (ob in der Bundesbahn oder im Flugzeug, auf Seminaren oder Familienfeiern): Gehe in den Waschraum, fülle das Waschbecken mit Wasser, gebe einige Tropfen deiner Reinigungsessenz hinein, wasche Gesicht und Hände mit der Aufmerksamkeit auf die Absicht:
*Mit Wasserkraft und Pflanzenkraft löse ich alle Energien, die an mich herangetragen wurden und die nicht zu mir gehören, von mir ab. Nichts Fremdes bleibt an mir haften. Wasserkraft und Pflanzenkraft reinigen und stärken heilsam mein Energiefeld.*

# Feuerfrau tanzt

*»Von Vogelfedern ist mein Kopfschmuck,*
*dem Kurbustag habe ich sie erbeutet,*
*bunt ist mein Gewand,*
*Auf rotem Hengst habe ich es gebracht.*
*Mich wiegend erbebe ich,*
*ich schwebe als Luftwesen,*
*glühendes Feuer, leuchte,*
*loderndes Feuer, brenne,*
*mein Körper, recke dich,*
*im Lauf messe dich,*
*rase wie der Wind,*
*heule wie der Sturm.«*
Tuwinischer Schamanengesang

Kaum eine Bezeichnung für Schamanen erscheint mir treffender als »Die mit Feuer arbeiten«. Magier im Beherrschen des äußeren Feuers, Meisterinnen im Beherrschen des inneren Feuers. Das innere Feuer zu entfachen durch veränderte Bewusstseinszustände, dieses Feuer wie ein großes Leuchten in sich zu verspüren und über dieses Feuer die Fähigkeit zu erlangen, Verborgenes zu sehen, war und ist immer noch Kennzeichen der schamanischen Gabe.

Auch wenn die schamanische Welt heute sich zu einer vorwiegend männlichen Welt verschoben hat, sind es doch die Frauen, die Hüterinnen des Lebensfeuers in ihrem Schoß sind. Von ihnen

erzählen nicht nur die alten Mythen, ihr Feuer brennt auch weiterhin in den Herzen und Schößen heilsam wirkender Frauen und Männer:
  – Im Herzen Deutschlands, im Hohen Meißner, dem mythischen Feuerberg der Holle, nimmt die alles Leben erhaltende Erdmutter in ihrem mit reinigendem Feuer gefüllten Kesselschoß die Seelen der Verstorbenen auf, die dort in seliger Wonne verweilen und von den Beschwernissen des Erdenlebens gereinigt und von der Liebe der Erdmutter für neues Leben genährt werden.
  – Im Inneren des japanischen Vulkans Fujisan ist der Ort der Feuergöttin Fuji, die das Feuer des Lebens hütet und über dieses Feuer die Verbindung zur Welt der Geister unterhält. Der Name Fuji entstammt der Sprache der Ainu und bedeutet heiliges Feuer. Die Feuergöttin wird heute noch von den Ainu als Göttin des Herdfeuers verehrt.
  – Ob die alte Muhme im Pazifik das Feuer aus ihrem Körper zieht, um darin das Essen zu kochen, oder ob die Jaguarfrau im Dschungel Venezuelas die Glut in ihrem Leib hütet, bei Feuerbedarf ihr Maul öffnet und die Flammen aus ihrem Inneren herausbläst und damit sicherlich die erste Dschungel-Schamanin ist – beide verwandeln mit ihrem Feuer Rohes in Gekochtes, Unverdauliches in Verdauliches. So ungefähr arbeiten heilsame Feuerfrauen auch heute noch: Sie wandeln Unverdauliches in Verdauliches.
  So wirkt in und über Feuerrituale auch Jürgen Ferdinand Schulz, von dem der folgende Text zum Thema Birkenfeuer stammt.

### Birkenfeuergedanken

»Feuer ist die Wandlung eines brennbaren Materials zu Asche. Ein Feuer wird zum Feuerritual mit der rituellen Absicht.
  Ich bevorzuge Birkenholz. Birke, die Pionierin unter den nordeuropäischen Baumgewächsen. Ihre Rinde glänzt weiß im Mondenschein, sie ist die Künderin des Lichts, der Leichtigkeit,

der Weiblichkeit, der Fruchtbarkeit, des neuen Wachstums und des Frühlings. Sie ist Maibaum und Vermittlerin zwischen den Welten, auch Vermittlerin zwischen dem Leben und dem Tod. Sie ist ein Schutzbaum gegen das Böse.

Für dieses Birkenfeuer-Wandlungsritual verwende ich dünnes Birkenreisig, dünne Äste und Rinde. Soll das Feuer größer werden, verwende ich dicke Zweige und Äste. Stammteile spalte ich zu dünneren Spalthölzern, lange Äste und Gespaltenes eignen sich für Feuerrituale im Freien.

Um ein Feuerritual vorzubereiten, gehe ich lange vorher durch mein Tun in die Verbindung zum Ritual: Ich sammle und spalte Holz, um es zum Trocknen sich selbst zu überlassen. Ich schaffe mir einen Vorrat und bin so äußerlich und auch innerlich vorbereitet.

Die Art des Aufbaus bietet unzählige Möglichkeiten, das Feuer für die eigenen Absichten zu gestalten. Die Flammen sind das Feuer, und ob es groß oder klein ist – wenn die Flammen klar und kräftig lodern, sind sie auch energetisch kräftig genug, um Wünsche und Energien aufzunehmen.

Ich kann dem Feuer eine besondere Gabe mit einer besonderen Absicht übergeben, ich kann singen, trommeln, rasseln und räuchern. Meine Gedanken und inneren Bilder verbinden sich mit den Flammen und werden mitgenommen. Die Flammen geben mir neue Bilder und Anregungen. Dieser Austausch mit den Flammen ist schnell, und das Feuer fordert mich heraus loszulassen, im Moment zu sein und im nächsten Moment neu zu sein.«

*Die Türhüterin der Schamanin*
*Beim Volk der Burjaten, einer mongolischen Ethnie in Sibirien, gab es den Ritus, in der Jurte der Schamanen-Kandidatin einen Birkenstamm aufzustellen, dessen Wurzeln in die Feuerstelle eingegraben wurden und dessen Ende aus dem Rauchloch herausragte. Auf dieser Birke kletterte die Initiantin aus dem Rauchloch heraus und bat die Geister um Hilfe. Nach der Initiation blieb die Birke in der Jurte und kennzeichnete das Zelt als das einer Schamanin. Diese Birke wurde »Türhüter« genannt, weil sie die Schamanin in den Himmel führte.*

**Birkenfeuer der Wandlung**

Ein Ritual zur Wandlung von energetischer Schwäche, das seine stärkste Kraft entfaltet, wenn es im Kreis von Freundinnen erfahren werden kann. Es ist aber auch möglich, dieses Ritual für sich alleine durchzuführen. Wächst in deinem Umfeld keine Birke, so finde einen Baum, der für dich ein heller Baum ist und die Qualitäten »Sterben und Werden, Wachstum, Fruchtbarkeit« verkörpert. Dieses Ritual ist entstanden aus der Zusammenarbeit von Jürgen Ferdinand Schulz, Silke Wonneberger und mir.

*1. Aufspüren und Besingen*
– Gehe alleine hinaus in die Natur. Spüre im Gehen all die Ängste, Ärgernisse, Kümmernisse, Verletzungen, Unsicherheiten, Zweifel, Schwächen auf. Spüre nach, welche Empfindungen sie in dir auslösen.
– Bewege dich, gehe, bleibe bei diesem Nachspüren nicht stehen.
– Gehe, bis du eine Birke findest (oder einen anderen Baum).
– Nimm dir Zeit, bei der Birke zu sein. Mach dich auf deine Weise mit ihr vertraut. Schau, was von der Birke zu dir in deine Hände kommt: ein Blatt, ein kleiner Zweig oder ein Stück Rinde.
– Nimm diesen Birkenanteil in deine Hand, hauche deinen Atem darüber und beginne es zu besingen. Singe all deine zuvor aufgespürten Schwächen in das Birkenstück hinein. Scheue dich nicht, es wie ein Kind zu tun, nur im jetzigen Augenblick zu sein und zu singen. Mit dem Besingen »bannst« du alles, was dich daran hindert, erfüllt und zufrieden zu leben, in das Birkenstück.
– Nimm noch drei kleine Aststücke von der Birke für das Ritual mit.
– Stecke die Aststücke und den besungenen Birkenanteil ein und gehe zurück an den Ort, wo das Ritual stattfindet.

*2. Die dünnen Zweige für das Feuer liegen bereits neben der Feuerstelle.*
– Stelle dich aufrecht und ohne Anspannung (allein oder mit deinen Ritualfreundinnen, die auch ihren Birkengang beendet haben) an die noch nicht entzündete Feuerstelle.

– Halte das besungene Birkenstück in deiner Hand. Wende deine Aufmerksamkeit nach innen, schließe die Augen, atme leicht in entspannter Körperhaltung. Mache dich bereit, deinen Körper zu empfinden.
– Gehe mit deiner Aufmerksamkeit zu deinen Füßen. Spüre den Kontakt zum Boden. Nimm die Füße wie von innen her wahr.
– Wandere mit der Aufmerksamkeit zu den Knöcheln, von dort aus hoch zu den Unterschenkeln, den Oberschenkeln – wandere wie mit einem Scanner deinen Körper hoch bis zur Schädeldecke. Nimm den Körper von innen her wahr.
– Dann nimm einen bewussten Atemzug und wende deine Aufmerksamkeit wieder der Empfindung deines Körpers zu.
Erspüre: Wo in deinem Körper ist der Wohnsitz deiner energetischen Schwäche? Gibt es verschiedene Wohnorte für verschiedene Schwächen in dir?
– Geh mit deiner Aufmerksamkeit, aber ohne Anstrengung, zu dem Ort oder den Orten in deinem Körper, wo du die energetischen Schwächen spürst. Dein Körper weiß, wo das ist, vertraue deinem Impuls.
Lass dich von dem Ort, den Orten anziehen, da wo es sich im Körper schwach oder dünn anfühlt. Wo sich das, was du als energetische Schwächung bezeichnest, im Körper gerne einnistet.
– Begrüße diesen Ort und seine Bewohner freundlich. Sie sind ein lebendiger Anteil von dir. Spreche innerlich die Anerkennung für ihre Kraft aus, mit der sie dich zu größerer Bewusstheit für dein Leben anstoßen.
– Atme ruhig und bewusst mit drei Atemzügen die Energien aus diesem Ort in deinem Körper heraus und in dein Birkenstück hinein.

*3. Das Entzünden des Wandels*
Das Entzünden des rituellen Feuers verläuft grundsätzlich, ob groß, ob klein, sehr ähnlich: Ich verwende Kienholz oder in Baumharz getränkte Feueranzünder, um kleine Zweige zu entflammen.

Ich lege die Zweige einzeln und kreuzweise auf die Flammen; schichte dünne Äste auf/um das entstehende Zentrum und lasse den Flammen genug Platz und Zeit, die Nahrung anzunehmen.

Durch das sorgsame Schichten, das Sichkreuzen der Zweige und Äste können sich die Flammen entwickeln und es entsteht beinahe kein Rauch oder unbeabsichtigter Qualm.

*»Die Flamme reinigt sich vom Rauch:*
*So reinige unseren Glauben!*
*Und raubt man uns den alten Brauch,*
*Dein Licht, wer kann es rauben!«*
*Mit diesen Worten lässt Johann W. von Goethe in seiner »Ersten Walpurgisnacht« einen Druiden sprechen, der sich mit der Ausführung des alten Feuerrituals zu Beltane gegen das Verbot der Ausübung der christlichen Herrscher stellt.*

Nehmen mehrere Frauen am Ritual teil, ist eine von ihnen verantwortlich für das Anzünden und Erhalten des Feuers.
Die Ritualfrauen tragen die drei Birkenreiser und ihr besungenes Birkenstück bei sich.

– Das Feuer wird entzündet. Die Ritualfrau/Ritualfrauen begrüßen das Feuer und unterstützen die wachsenden Flammen mit Willkommensworten, Rasseln, Tönen.
– Brennt das Feuer kräftig genug, nimmt – nacheinander – jede ihr besungenes Birkenstück, haucht ihren Atem darüber, spricht in ihrer Weise die Bitte um Wandlung aus und übergibt es dem Feuer.
– Die anderen rasseln währenddessen weiter, bestärken mit tönenden, gesprochenen, beschwörenden, sich wiederholenden Worten den Wandelwunsch jeder Frau:
*Wandel, Wandel, heilsamer Wandel.*
*Wandel, Wandel, heilsamer Wandel ...*

– Hat die letzte Frau ihren Birkenanteil dem Feuer zur Wandlung übergeben, stehen alle mit geöffneten Händen dem Feuer zugewandt.
– Mit ruhigen Atemzügen wird die wandelnde Energie des Feuers in die Orte im Körper geleitet, in denen sich die Schwächung gerne festsetzt. Der Feueratem reinigt diese Orte, verwirbelt abgelagerten alten »Schwächeruß« und entfacht das Lebensfeuer jeder einzelnen Zelle aufs Neue.
– Die Ritualfrauen nehmen nun ihre drei kleinen Reisigzweige in die Hand. Diese sind das Feueropfer für die Stärkung des heilsamen Bewusstseinswandels für alle. Sie werden dem Feuer gegeben mit der Absicht, dass sich Gier, Besitzdenken, Profitdenken und Egoismus wandeln in Liebe, Mitgefühl und Verantwortung für unsere Mitwesen.
– Die Reisigzweige werden gleichzeitig dem Feuer gegeben mit den mehrfach gerufenen Worten:
*Heilsamer Wandel für alle.*

– Eine Ritualfrau ruft dem Feuer auffordernd zu:
*Wasser dieses Feuers, gib mir Wasser!*
*Erde dieses Feuers, gib mir Erde!*
*Luft dieses Feuers, gib mir Luft!*
*Feuer dieses Feuers, gib mir Feuer!*
*Geist dieses Feuers, gib mir Geist!*

– Zum Abschluss des Rituals dreimal rhythmisch stampfend um das Feuer herumgehen, nach links zum Herzen hin, mit dem Gesicht zum Feuer. Dabei wird ein Dank an das Feuer und die Kräfte des Lebens gesprochen, von einer oder von allen, beispielsweise:
*Feuer, ich danke dir.*
*Erde, ich danke dir.*
*Wasser, ich danke dir.*
*Luft, ich danke dir.*
*Geist des Lebens, ich danke dir.*

Nach dem Ritual ist es ausgesprochen heilsam, den Lebenswandel zu feiern. Und vergiss nicht, den Geist des Feuers mit Feuerwasser zu ehren und zu füttern!

»*Aus Feuer ist der Geist geschaffen,*
*drum schenkt mir süßes Feuer ein!*«
Ernst Moritz Arndt

»*Kraft*« *ist nicht gut und ist nicht böse. Kraft bezeichnet lediglich das Vorhandensein einer bestimmten Menge von Energie. Das innere wie auch das äußere Feuer hat, wie alle anderen sichtbaren und nicht sichtbaren Energieformen auch, nicht nur das Potenzial heilsam wirken zu können, sondern kann auch großen Schaden anrichten. Wenn Feuer zur schädlichen Feuersbrunst wird, hilft vielleicht der Spruch, mit dem die auch Regentrude genannte Erdmutter geweckt werden kann, damit sie mit ihrem Regen das Feuer löscht – so wie in der Erzählung von Theodor Strom:*

»*Dunst ist die Welle,*
*Staub ist die Quelle!*
*Stumm sind die Wälder,*
*Feuermann tanzt über die Felder!*
*Nimm dich in acht!*
*Eh du erwacht,*
*Holt dich die Mutter*
*Heim in die Nacht!*«

 **Ich entzünde ein Feuer**
Ich entzünde ein Feuer.
Ich möchte Feuer treffen, wenn meine Gedankenerklärungen mich verwirren, ängstigen, abschneiden, ich auf der Suche nach meinem Herz bin, das weiß.
Angelehnt an ein Ritual der Huichol in Mexiko, mit Tatewari, Großvater Feuer in Verbindung zu treten, umkreise ich die Feuerstelle still viermal:

– Vor dem ersten Umkreisen füttere ich die Flamme mit Holz, dann mit Harz, mit einer Speise, mit Tabak.
– Ich bitte um mein echtes Herz, verweile und lausche.
– Immer fühle ich mich nach einiger Zeit gehalten, in einer unermesslichen Welt, in der ich weiß und lebendig bin und liebe.
– Zum Ende bringe ich noch einmal Holz dar, umkreise und bedanke mich.

Es ist wichtig, dass während des Rituals nichts anderes als Holz ins Feuer gerät – die rituellen Gaben ausgenommen.
Wenn es nicht möglich ist, ein Feuer zu entzünden, kann eine brennende Kerze genommen werden. In diesem Fall werden die rituellen Gaben neben die Kerze gelegt und nach Ende des Rituals ins Freie gestellt.
*Ritualinspiration von Johanna Herzog.*

Mit schamanischen Methoden heilsam wirkende Ritualfrauen sind Feuerfrauen – sie entzünden und hüten durch bewusste innere und äußere Bewegung das alles wandelnde Lebensfeuer in Herz und Geist.

In diesem Wirken reihen sie sich ein in die lange Kette unserer Schamaninnen-Ahnen, weben wie sie vor uns weiter am großen kosmischen Lebensmuster, halten im feinen Gewebe die Balance zwischen den Welten, wandeln und handeln zum Wohle aller Wesen.

»*Oh unsere Mutter, die Erde. Oh unser Vater, der Himmel.*

*Eure Kinder sind wir.*

*Und mit müden Rücken*

*bringen wir euch Geschenke der Liebe.*

*Wir bringen euch Geschenke, die ihr liebt.*

*Dann webt für uns ein Kleid aus Helligkeit.*

*Möge der Schuss das weiße Licht des Morgens sein.*

*Möge die Kette das rote Licht des Abends sein.*

*Mögen die Fransen der fallende Regen sein.*

*Möge die Borte den Regenbogen darstellen.*

*So webt für uns ein Kleid aus Helle.*

*Damit wir angemessen dahin gehen, wo die Vögel singen.*

*Damit wir angemessen dahin gehen, wo das Gras grün ist.*

*Oh unsere Mutter, die Erde – Oh unser Vater, der Himmel.*«

Lied vom himmlischen Webstuhl des Volkes der Tewa, New Mexico

## Dank

Unendlich viel Dank und Freude ist in mir, wenn ich dieses Buch als eine Frucht meines Lebensbaumes ansehe. Diese Frucht wuchs nicht alleine aus mir heraus, sondern konnte sich nur entfalten durch das Gemeinschaftsnetz der Freundinnen und Lehrerinnen in allen Wirklichkeiten, mit denen ich auf meinem Lebensweg in Liebe und im gemeinsamen Tun verbunden bin.

Heil-weise Frauen und Männer, ich danke euch für die Herausforderungen und Inspirationen, über die ihr mich gelehrt und begeistert habt:

Angelika Berger, Gunni Falkner, Reshin Nika, Boa Mauricio, Tom Oehler, Mohan Rai, Gisela Rohmert, Jose Roque Maynas, David Vasquez Segundo, Edelgard Seebauer und den Findefrauen Conny, Dörte, Esther, Gaby, Sabina, Schoschanna.

Danke an euch, die mit ihrem Buch-Ritual-Geschenk ihre Erfahrungen und ihr Wissen teilen mit all denen, die bewusst und heilsam wirken – nicht nur in Ritualen: Bärbel Bentele, Susann Arbogast, Johanna Herzog, Ellika Linden, Hermann Messerschmidt, Kathrin Pohl, Daniella Querol, Tilman Schlosser, Barbara Schwipper, Marie Sichtermann, Jürgen Ferdinand Schulz, Coco Vizcarra, Silke Wonneberger.

Ohne die vor allem in Sachen »Geist« fachkundige Begleitung in Wort und Tat meines Mannes Bruno Martin wäre ich schon längst verschollen in Geistkonstrukten, Vorstellungs-Labyrinthen und Atemlosigkeit! Ohne seine Liebe hätte ich nicht so stimmig wachsen und Früchte tragen können. Danke!

Im Oktober 2009

# Adressen der Ritualfrauen und Ritualmänner

**Susann Arbogast**
Tänzerin und Choreografin, Bewegungsforscherin, Tanzdozentin und Begründerin von Sanatando, »Sensorische Bewegungserfahrung und Sensorischer Tanz«. Stimmpädagogin des Lichtenberger® Instituts für angewandte Stimmphysiologie. Lebt in Singhofen bei Wiesbaden.
welcome@susann-arbogast.de

**Bärbel Bentele**
Kräuterverbündete, eine Hüterin des Allgäuer Sagen- und Pflanzenschatzes
Hahnschenkel 16
88167 Stiefenhofen

**Johanna Herzog**
Erforscht und bewundert die Geheimnisse und Heilkräfte der Natur. Ausbildung, Beratung, Seminare und Spaziergänge zum Thema Medizinpflanzenkunde. Lehrerin für »Rituelle Körperhaltungen u. Ekstatische Trance nach Dr. F. D. Goodman«. Plant Spirit Medicine Practioner nach Eliot Cowan seit 2005. Lebt im Wendland.
www.heilkraeuterkurse.de

**Ellika Linden**
Leitet Theaterworkshops und Seminare über weibliche Spiritualität, lebt und arbeitet mit ihrem Mann Manitonquat vom Volk der Wampanoag in Schweden, Christiania, DK, und in den Wäldern Massachusetts. Gemeinsam betreuen sie in Gefängnissen die Angehörigen der Ureinwohner Nordamerikas mit Schwitzhüttenritualen und der Methode des *co-counceling*.
ellikalinden@yahoo.com
www.circleway.de

**Hermann Messerschmidt**
Lebt mit seiner Frau im Südschwarzwald. Er ist Heiler, Radiästhet, Diplomingenieur, Keramiker, Lehrer und hat jahrzehntelange Erfahrungen mit schamanischen Methoden verschiedener Kulturen.
August-Macke-Str. 5
79400 Kandern

**Kathrin Pohl**
Diplom-Biologin, Gärtnerin, Ritualfrau für schamanische Rituale aus Nepal, langjährige Schülerin der Kirati-Schamanin Parvati Rai, Nepal.
jungalli@web.de

**Daniella Querol**
Malerin, Bildhauerin, Filmkünstlerin. Initiatorin der Organisation »Semilla en Manos«. Lebt in Mexiko.
daniellaquerol@yahoo.com.mx

**Tilman Schlosser**
Hüter der Pflanzen und Geister vom Kräuterhof artemisia im Allgäu.
www.artemisia.de

**Jürgen Ferdinand Schulz**
Bildender Künstler. Lebt im Wendland.
www.feuer-wind.de

**Barbara Schwipper**
Gestalttherapeutin.
Lebt in Braunschweig.

**Dr. Marie Sichtermann**
Juristin, Heilpraktikerin, Buchautorin, Ritualfrau, engagierte Kämpferin für Frauenrechte. Mitgründerin von Geld & Rosen, Projekt- und Unternehmensberatung für Frauen.
marie.sichtermann@arcor.de

**Coco Vizcarra**
Angehöriger des Volkes der Quechua und schamanisch arbeitender Heiler *(curandero)*, lebt bei Cuzco in Peru und in Deutschland.
www.inkareisen.de
service@inkareisen.de

**Silke Wonneberger**
Sozialpädagogin, Ritualfrau, Heilpraktikerin, Lehrerin für Qigong, Shiatsu, KörperVisualisierungen, Rituelle Körperhaltungen nach Dr. F. Goodman.
Lebt in Lübeck und Berlin.
silkewonneberger@gmx.de

**Brennnesselstoff aus Nepal**
ist zu finden bei:
Anita Pavani Stoffe
www.naturstoff.de

**Informationen zum »Brain-Avatar«**
Realität und Bewusstsein unter:
www.wellcome21.de

## Zur Autorin

**Nana Nauwald** geboren 1947, freischaffende Künstlerin, Autorin und Dozentin für Rituale der Wahrnehmung. Sie leitet seit zwanzig Jahren Schamanismus-Seminare und lehrt »Rituelle Körperhaltungen und ekstatische Trance« nach Dr. Felicitas Goodman. Sie verfügt über langjährige Erfahrung in der Erforschung schamanischer Welten, unter anderem in Nord- und Südamerika, Afrika und Asien. Sie lebt in der Lüneburger Heide und zeitweise bei den Schamanen im Amazonas-Regenwald. Autorin mehrerer Bücher zum Thema Schamanismus.

www.ekstatische-trance.de
www.visionary-art.de

Von Nana Nauwald im AT Verlag erschienen:
**Schamanische Rituale der Wahrnehmung**
Den Geist der Tiere erfahren – überliefertes Wissen aus europäischen Traditionen

# Literatur

Arrowsmith, Nancy: Herbarium Magicum – Das Buch der heilenden Kräuter, Berlin 2007
Berendt, Joachim-Ernst: Nada Brahma – Die Welt ist Klang, Reinbek 1985
Calvino, Italo: Unter der Jaguar-Sonne, München 1991
Cameron, Anne: Töchter der Kupferfrau, Frauenfeld 1994
Dane, Dr. Michaela: Die Heilgeheimnisse des Paracelsus, Berlin 2008
David-Neel, Alexandra: Heilige und Hexer in Tibet, Wiesbaden 1983
Dürr, Hans-Peter und Raimon Panikkar: Liebe – Urquelle des Kosmos, Freiburg 2008
Dürr, Hans-Peter und Marianne Oesterreicher: Wir erleben mehr als wir begreifen: Quantenphysik und Lebensfragen, Freiburg 2008
Eliade, Mircea: Schamanismus und archaische Ekstasetechniken, Zürich 1950
Francia, Luisa: Beschützt, bewahrt, geborgen, München 2007
Francia, Luisa: Der Rest deines Lebens beginnt jetzt, München 2008
Gold, Peter: Navajo & Tibetan Sacred Wisdom: The Circle of the Spirit, Boulder 1994
Gold, Peter: Wind des Lebens, Licht des Geistes, München 1997
Goodman, Felicitas D.: Wo die Geister auf den Winden reiten, Haarlem 2007
Goodman, Felicitas D.: Meine letzten 40 Tage, Haarlem 2009
Hambruch, Paul (Hrsg.): Der Tanz der Vögel – Märchen der Südsee, München 1964
Hansen, Wilhelm (Hrsg.): Das deutsche Bauerntum, Berlin o. J.
Hayward, Jeremy W.: Liebe, Wissenschaft und die Wiederverzauberung der Welt, Freiamt 1997
Hetmann, Frederik: Der Tanz der gefiederten Schlange, Frankfurt 1985
Hetmann, Frederik (Hrsg): Wie Frauen die Welt erschufen – Mythen, Märchen, Legenden, Zürich 2001
Junquera Rubio, Carlos: El chamanismo en el Amazona, Lima 2006
Kauter, Kurt: Unterm Weltenbaum – Indianermärchen aus Venezuela, Berlin 1987
Keller, Helen: Blind, taub und optimistisch – Leben & Lernen der Helen Keller, Löhrbach 2003
Khan, Hazarat Inayat: Die Sprache des Kosmos, Den Haag, o. J.
Khan, Hazarat Inayat: Musik, Weinstadt 1996
Koch-Grünberg, Theodor: Indianermärchen aus Südamerika, Jena 1921
Lingg, Adelheid: Drachenwege – Elfenpflanzen, Rettenberg 2004
Madejsky, Margret und Olaf Rippe: Lexikon der Frauenheilkräuter, Baden 2008
Madejsky, Margret und Olaf Rippe: Heilmittel der Sonne, München 2005

Madejsky, Margret und Olaf Rippe: Die Kräuterkunde des Paracelsus, Baden 2006
Madejsky, Margret: Alchemilla – Eine ganzheitliche Kräuterheilkunde für Frauen, München 2009
Mailahn, Klaus: Der Fuchs in Glaube und Mythos, Berlin, Münster 2006
Martin, Bruno: Das Lexikon der Spiritualität, München 2005
Martin, Bruno: Gurdjieff Praxisbuch, Darmstadt 2008
Martin, Bruno: Intelligente Evolution, Berlin 2010
Máté, Imre: Yotengrit – oder der Name des Meeres, München 2006
Nauwald, Nana, Felicitas Goodman: Ekstatische Trance – Das Arbeitsbuch, Aarau 2011
Nauwald, Nana: Schamanische Rituale der Wahrnehmung, Aarau 2010
Nauwald, Nana: Bärenkraft und Jaguarmedizin, Aarau 2002
Nauwald, Nana: Der Gesang des schwarzen Jaguars, Berlin 2007
Nauwald, Nana: Das Lachen der Geister, Berlin 2010
Nauwald, Nana: Der Flug des Schamanen, Norderstedt 2012
Rätsch, Christian und Claudia Müller-Ebeling: Schamanismus und Tantra in Nepal, Baden 2008
Rätsch, Christian: Enzyklopädie der psychoaktiven Pflanzen, Baden 2007
Rätsch, Christian: Meine Begegnungen mit Schamanenpflanzen, Baden 2009
Rätsch, Christian: Die Pflanzen der Propheten, Kreuzlingen, München 2008
Rätsch, Christian: Räucherstoffe – Der Atem des Drachen, Baden 2006
Redl, Franz P.: Übergangsrituale, Klein Jasedow 2009
Renner, Eduard: Goldener Ring über Uri, Neuchâtel und Zürich 1954
Rinne, Olga (Hrsg.): Wie Aua den Geistern geweiht wurde, Darmstadt 1983
Sabina, Maria: Botin heiliger Pilze, Solothurn
Schmidt, Philipp: Volkskundliche Plaudereien, Bonn 1941
Schmölders, Claudia (Hrsg.): Die wilde Frau, Köln 1983
Sharon, Douglas: Magier der vier Winde, Freiburg 1987
Storl, Wolf-Dieter: Naturrituale – Mit schamanistischen Ritualen zu den eigenen Wurzeln finden, Baden 2006
Storl, Wolf-Dieter: Pflanzen der Kelten, Aarau 2000
Storl, Wolf-Dieter: Unsere Wurzeln entdecken, Bielefeld 2009
Storl, Wolf-Dieter: Heilkräuter und Zauberpflanzen, Aarau 1996
Ulrich, Björn und Holger Gerwin: Der Tag der Sonne, Engerda 2001
Urbanovsky, Dr. Claudia: Der Garten der Druiden – das geheime Kräuterwissen der keltischen Heiler, Berlin 2008
Weber, Andreas: Alles fühlt: Mensch, Natur und die Revolution der Lebenswissenschaften, Berlin 2008

# Verzeichnis der Rituale und Übungen

*Wahrnehmungsübungen*
Training der Empfindung: die
 Qualität Grün *26*
Grundübung für die Vorbereitung
 auf alle folgenden Wahrneh-
 mungsübungen *51*
Empfindung der Verwurzelung *52*
Die Erde wurzelt in mir *54*
Ich bin Baum *59*
Ich bin die Welt *61*
Die Sehrinde beruhigen *67*
Am Anfang war der Wind *79*
In mir klingt die Welt *81*
Die Vögel fliegen singend durch
 mich hindurch *83*

*Ritualinspirationen und
ergänzende Anregungen*
Warum und wie? Erstes Erspüren
 *91*
Geistervertreibung im Ritualraum
 *95*
Die Vorbereitung: ein sinnenfroher
 Spaziergang *103*
Die Vorbereitung im Ritual:
 Reinigung und Schutz *105*
Das Öffnen des Kreises *114*
Findefrau *131*
Schamanische Ritual-Notfall-
 Apotheke *141*
Federleicht *147*
Steinschwer *152*
Großmutter Buche – Ein Ritual
 der Wandlung *154*
Erde, Himmel und alle Wesen –
 Ein Ritual zur Wandlung von
 Unsicherheit in Vertrauen *156*
Ein Schutzstab für Nicht-
 Schamaninnen *162*
Mutter Natur antwortet *165*
Baumstark *168*
Schutzbilder *168*
Schutzspruch *169*
Schutzritual *177*
Salz des Wandels *185*
Das Schutzei – Ein Ritual der
 Abgrenzung *189*
Notfall-Pflanzenmedizin-
 Riechbeutel *194*
Notfall-Schamaninnenparfüm
 für energetischen Schutz und
 Stärkung *197*
Pflanzenessenz für energetische
 Reinigung *198*
Birkenfeuer der Wandlung *203*
Ich entzünde ein Feuer *207*

# Bücher aus dem AT Verlag

Ursula Walser-Biffiger
**Heilrituale in der Natur**
Die Wahrnehmung verfeinern,
persönliche Rituale gestalten,
die Selbstheilungskräfte stärken

Claudia Müller-Ebeling
Christian Rätsch
**Tiere der Schamanen**
Krafttier, Totem und Tierverbündete

Claudia Müller-Ebeling
**Ahnen, Geister und Schamanen**
Universale Zeichen, Klänge und
Muster der unsichtbaren Welt

Christian Rätsch
**Meine Begegnungen
mit Schamanenpflanzen**

Wolf-Dieter Storl
**Naturrituale**
Mit schamanischen Ritualen
zu den eigenen Wurzeln finden

Christian Rätsch/Claudia Müller-
Ebeling/Surendra Bahadur Sahi
**Schamanismus und Tantra in Nepal**
Heilmethoden, Thankas und
Rituale aus dem Himalaya

Arno Adelaars/Christian
Rätsch/Claudia Müller-Ebeling
**Ayahuasca**
Rituale, Zaubertränke und
visionäre Kunst aus Amazonien

Christian Rätsch
**Räucherstoffe – Der Atem des
Drachen**
72 Pflanzenporträts – Ethno-
botanik, Rituale und praktische
Anwendungen

Christian Rätsch
**Weihrauch und Copal**
Räucherharze und -hölzer - Ethno-
botanik, Rituale und Rezepturen

Christian Rätsch
**Walpurgisnacht**
Von fliegenden Hexen und
ekstatischen Tänzen

Christian Rätsch
**Der heilige Hain**
Germanische Zauberpflanzen,
heilige Bäume und schamanische
Rituale

Christian Rätsch/Claudia Müller-
Ebeling/Wolf-Dieter Storl
**Hexenmedizin**
Die Wiederentdeckung einer
verbotenen Heilkunst
Schamanische Traditionen
in Europa

Christian Rätsch
**Enzyklopädie der psychoaktiven
Pflanzen**
Botanik, Ethnopharmakologie
und Anwendungen
Mit einem Vorwort von Albert
Hofmann

AT Verlag
Bahnhofstraße 41
CH-5000 Aarau
Telefon +41 (0)58 200 44 00
Fax +41 (0)58 200 44 01
E-Mail: info@at-verlag.ch
Internet: www.at-verlag.ch